Bertold Kamm
Wolfgang Mayer

Der Befreiungsminister

Gottlob Kamm (1897–1973)

Bertold Kamm
geboren 1926 in Schorndorf, studierte in Tübingen und Erlangen Rechts- und Sozialwissenschaften. 20 Jahre lang war er Vorsitzender der Arbeiterwohlfahrt Bayern, deren Ehrenvorsitzender er heute ist. 1966 bis 1986 war er Mitglied des Bayerischen Landtags, 1978 bis 1986 dessen Erster Vizepräsident.
Bertold Kamm lebt heute in Nürnberg.

Dr. Wolfgang Mayer
geboren 1952 in Heidelberg, ist Historiker und arbeitet als Journalist bei den »Nürnberger Nachrichten«.

1. Auflage 2005

Lektorat: Nicole Janke, Stuttgart.
Bilder im Innenteil: Privatarchiv Bertold Kamm, Nürnberg.
Umschlaggestaltung: Anette Wenzel, Tübingen.
Druck: Clausen & Bosse, Leck.
Printed in Germany.

ISBN 3-87407-655-5

Bertold Kamm
Wolfgang Mayer

Der Befreiungsminister

Gottlob Kamm und die Entnazifizierung in Württemberg-Baden

Silberbur

Inhalt

Vorwort

In einem Nachruf bezeichnete ihn die Stuttgarter Zeitung als »eine der wohl am meisten umstrittenen Figuren der baden-württembergischen Nachkriegsgeschichte« und als »zähen Politiker«. Zum 70. Geburtstag hatte die Badische Volkszeitung zuvor festgestellt: »Gegen den hartnäckigen Widerstand der Besatzungsmächte setzte er durch, dass Härten des Befreiungsgesetzes beseitigt wurden«. Die Rede ist von Gottlob Kamm, der seit März 1946 zunächst als Staatssekretär, ab August 1946 bis Februar 1948 als Minister für die Entnazifizierung im damaligen Württemberg-Baden verantwortlich zeichnete. Das politische Wirken des Sozialdemokraten Gottlob Kamm in diesem Amt strahlte weit über dieses Bundesland hinaus und lenkt in der Rückschau den Blick auf eine wichtige Facette in der allgemeinen Geschichte der deutschen Sozialdemokratie.

Eigentliches Thema dieses Buches ist die Entnazifizierung, die Willy Brandt einmal als »politische Entlausung« bezeichnete. Sie zählt mit zu den heikelsten Kapiteln deutscher Nachkriegsgeschichte überhaupt. Da sich aber Geschichte oft am besten über handelnde Personen vermitteln lässt, wird dies im vorliegenden Fall über die Lebensgeschichte des Gottlob Kamm versucht. Er war zunächst ein einfacher Arbeiter, doch früh setzte sein politisches Engagement ein, was ihn ins KZ brachte. 1934 war er knapp vier Monate eingesperrt, eine Erfahrung, die sein späteres Handeln als Minister maßgeblich prägen und beeinflussen sollte.

In diesem Buch sind zwei unterschiedliche Elemente miteinander verknüpft. Die lebendigen Erinnerungen des Sohnes Bertold Kamm, der als Vizepräsident des Bayerischen Landtags selbst von 1978 bis 1986 Politik aktiv gestaltete, ergänzen die umfangreichen Quellenrecherchen des Historikers und Journalisten Wolfgang Mayer. Dies macht das private und das politische Leben Gottlob Kamms gleichermaßen anschaulich. Das vorliegende Buch ist einem Teil der deutschen Geschichte gewidmet, der – anders als das Terrorsystem der Nationalsozialisten und der Holocaust – bisher nur unzulänglich aufgearbeitet ist. Selbst amerikanische Historiker wie Edward N. Peterson[1] beklagten den relativ dürftigen Bestand an Dokumenten über die amerikanische Besatzungszeit – nach eigener Einschätzung der US-Verwaltung lag das mit daran, dass die besetzenden Truppen selbst einen Teil der Beweise vernichteten, die die Nationalsozialisten in den letzten Kriegstagen nicht mehr hatten beiseite schaffen können. Kaum bekannt ist beispielsweise ein amerikanisches Geheimdienst-Dossier vom Oktober 1944, das bei Recherchen der Autoren im Bundesarchiv in Koblenz aufgefunden wurde und die Vorgehensweise der USA bei der Entnazifizierung verständlicher macht. Von den Verfassern neu ausgewertete Dokumente

1 Edward N. Peterson, The American Occupation of Germany—Retreat to Victory, Detroit 1977.

zur »Operation Paperclip« (Operation Büroklammer) werfen ein Licht auf die Doppelbödigkeit der amerikanischen Politik. Wertvolle Einblicke in den Alltag bei den Spruchkammern eröffnete das Staatsarchiv Ludwigsburg. Die Autoren danken den Mitarbeitern des Staatsarchivs Ludwigsburg ebenso wie jenen des Bundesarchivs in Koblenz für ihre Hilfe bei der Quellensuche. Das gleiche gilt für Edith Holzer-Böhm vom Archiv der Stadt Schorndorf sowie Ursula Kamps, Magda Maier, Johann-Philipp Palm (†), Erika Schneider und Anneliese Weinert, die in unterschiedlicher Weise zu diesem Buch mit beitrugen.

Gottlob Kamm verstand die Entnazifizierung nicht als ein moralisches Problem. Als unbelasteter Bürger der Nation, die wenige Jahre zuvor einen Weltkrieg initiiert und diesen gerade verloren hatte, sah er darin eine rein politische Aufgabe: »Die Welt blickt auf uns. Wir wollen nicht heucheln, wir wollen uns aber bewußt sein, daß uns nur noch die letzte Chance gegeben ist, künftig im Rat der Völker mitzusprechen.«

Die Aufgabe war allerdings so schwierig wie wenige andere zuvor in der deutschen Geschichte. Es galt, das nationalsozialistische Erbe nicht nur schnell, sondern auch möglichst nachhaltig zu beseitigen, um einen wichtigen Grundstein für die allgemeine Vergangenheitsbewältigung zu legen. Doch der dafür benötigte Verwaltungsapparat war völlig unzureichend ausgestattet. Zuvor war schon die amerikanische Militärregierung bei ihren eigenen Bemühungen um die Entnazifizierung gescheitert. Gottlob Kamm sah sich nun einer Mauer von Bürgern gegenüber, die nicht dabei gewesen sein wollten und mit fortschreitender Zeit ihre frühere Parteimitgliedschaft in der NSDAP immer mehr nur als eine Bagatelle verstanden.

Als Minister für Entnazifizierung hatte Gottlob Kamm darüber hinaus einen schwierigen Spagat zu meistern, denn im Nachkriegsdeutschland dachten die Männer der ersten Stunde – wie er selbst auch – vor allem an den Wiederaufbau des Landes, während es den amerikanischen Besatzern vorrangig um die Bestrafung ging. So war Kamm zwar einerseits von der Notwendigkeit der politischen Bereinigung uneingeschränkt überzeugt, andererseits war seine Aufgabe im Detail aber durch vielfältige Konflikte und durch Druck von allen Seiten geprägt. Das gipfelte in einem Attentatsplan gegen ihn. Viermal reichte er seinen Rücktritt vom Ministeramt ein.

Der historische Rückblick lohnt sich auch deshalb, weil es sich bei der »politischen Entlausung« um ein Problem handelt, mit dem Sieger von Kriegen und Gewinner eines Machtwechsels in der Geschichte immer wieder konfrontiert wurden und werden. Wie schmerzhaft das sein kann, wurde in der deutschen Geschichte durch die Jagd auf Mitarbeiter und Mitarbeiterinnen der ehemaligen Staatssicherheitsbehörde der DDR nach der deutschen Vereinigung erneut vor Augen geführt. Assoziationen mit der amerikanischen Vorgehensweise nach dem Irak-Krieg bieten sich nach Ansicht der Autoren ebenfalls an oder sind dem Leser zumindest anheim gestellt. Beide Fälle sind jedoch nicht uneingeschränkt mit der Entnazifizierung vergleichbar – nicht nur, weil Geschichte sich nicht einfach wiederholt, sondern auch, weil die Rahmenbedingungen völlig verschieden waren. Deutschland hatte fast die ganze Welt in einen unsäglichen Krieg gezogen, und seine Truppen mussten in jahrelangen, blutigen Kämpfen außerhalb der eigenen Grenzen zurückgedrängt werden. Eine Mehrheit der Bevölkerung in Deutschland wartete schließlich sehnsüchtig auf ein Ende dieses Krieges und damit auf die alliierten Befreier. Im Irak waren es dagegen vor allem ausländische Mächte, die den Angriff auf das Land zwischen Euphrat und Tigris zielstrebig vorbereiteten – entgegen dem Willen von Millionen von Menschen, die überall auf der Welt dagegen demonstrierten und sich zur Ethik des Friedens bekannten. Eine gemeinsame Fragestellung ergibt sich dennoch – wie nämlich Sieger mit Anhängern des »alten« Regimes umgehen. Und wie, in Selbstbestimmung, eine »Entlausung« aus eigener Kraft vollziehbar ist – manchmal eben in Konflikt mit der Siegermacht.

Im Irak machte nach dem Ende des Regimes von Saddam Hussein der Begriff der »Entbaathisierung« – abgeleitet von der Baath-Partei im Lande und angelehnt an die Entnazifizierung im Nachkriegsdeutschland – die Runde. Die Erfahrung Deutschlands lässt die Vorhersage zu, dass dieser Prozess unabhängig von der äußerlich eingeleiteten politischen Entwicklung die Menschen in dem nahöstlichen Land ebenfalls nachhaltig beschäftigen wird.

»Der wird amol Minischter«

– Eine Politiker-Karriere beginnt

Am 21. Oktober 1897 herrschte große Aufregung in der Familie des Wilhelm Kamm und seiner Frau Marie in Schorndorf: Zu den elf Kindern, die sich bereits im Haus tummelten, hatte sich ein zwölftes angemeldet. Doch es war eine leichte Geburt für die Mutter, und trotz der ärmlichen Verhältnisse freuten sich alle über den kleinen kräftigen Schreihals. Man gab ihm den Namen Gottlob – obwohl man es bei Kamms eigentlich mit der Frömmigkeit nicht allzu ernst meinte. Gottlob war eben ein gebräuchlicher Name zu jener Zeit.

Gottlobs Mutter Marie war korpulent, resolut und eine sehr belesene Frau. Im Eigenstudium hatte sie sich die Werke von Kant, Hegel und Marx angeeignet und dabei das Kommunistische Manifest kennen gelernt. Die darin formulierten Ideen von Gleichberechtigung, Freiheit und Humanität begeisterten sie und machten Marie Kamm zu einer überzeugten Anhängerin der Arbeiterbewegung. Engagiert setzte sie sich für das allgemeine Wahlrecht und für die Abschaffung des Mehrklassenwahlrechts ein und vertrat Arbeiter bei Arbeitsstreitigkeiten erfolgreich vor Gericht.

Die Arbeiter begegneten ihr dafür mit großem Respekt, die Schorndorfer Fabrikanten fürchteten sie. Bei der Erziehung ihrer Kinder folgte Marie Kamm ihren politischen Idealen. Besonders in dem kleinen, intelligenten Gottlob sah sie bald einen künftigen politischen Mitstreiter.

Wilhelm Kamm, Gottlobs Vater, war in vielem anders als seine Frau: Er war ein stiller und gutmütiger, eher hagerer Mann, der sich nicht sonderlich für Politik interessierte. Er war praktisch veranlagt und ging in seinem Metzgerberuf völlig auf. Seine vordringliche Sorge war stets, wie er eine so große Familie ernähren konnte. So lebte man teilweise von einer kleinen Landwirtschaft, von ein paar »Gütle«, drei kleinen Obsthainen, die Wilhelm Kamm von seinem Vater geerbt hatte, und die verstreut in der Umgebung von Schorndorf verteilt lagen. Den Lebensunterhalt der Familie verdiente Wilhelm aber hauptsächlich mit der Hausmetzgerei bei den Bauern in der Umgebung, die ihn jedoch meistens nicht mit Geld, sondern in Naturalien bezahlten – als sehr geschäftstüchtig erwies sich Wilhelm Kamm dabei nicht. Seine Einnahmen mussten jedoch als Existenzgrundlage für den kärglichen Haushalt reichen.

Die Kindheit Gottlob Kamms war geprägt von großer Armut. Der Kleinste musste die Kleider auftragen, die schon die übrigen elf Geschwister getragen hatten. Das wenige Geld, das der Vater heimbrachte, reichte gerade für die notwendigsten Lebensmittel, um die große Familie einigermaßen zu ernähren. Die Wohnverhältnisse waren äußerst beengt, denn es standen nur vier Zimmer und eine Küche sowie die Waschküche und der Keller zur Verfügung. Die Kinder mussten sich zwei Zimmer und sogar die Betten teilen. Im Haus war gleichzeitig das Kleinvieh untergebracht und die Hennen gingen bisweilen auf dem Küchentisch spazieren. Doch glücklicherweise hatte die Familie auch das alte, kleine und windschiefe Häuschen an der Schorndorfer Stadtmauer von den Großeltern geerbt und somit musste keine Miete gezahlt werden.

Gottlob erzählte später oft von seiner Kindheit: Zu Ostern 1904 kam er in die Volksschule in Schorndorf, und selbst im Winter musste er barfuß zum Unterricht gehen, weil kein Geld für Schuhe vorhanden war. Mit acht Jahren war er abends regelmäßig in den Schorndorfer Gastwirtschaften anzutreffen, um auf den Kegelbahnen die Kegel aufzustellen, wenn dort die Honoratioren ihrem Hobby nachgingen. Von dem Trinkgeld, das er sich dabei verdiente, konnte sich Gottlob seine ersten eigenen Schuhe kaufen.

Zeit zum Spielen blieb dem jungen Gottlob kaum. Die Mitarbeit auf den »Gütle« war ebenso selbstverständlich wie die Arbeit im Haus. Die Kinder pflückten Äpfel und Kirschen von den Bäumen und brachten die Ernte mit dem Handkarren nach Hause, wo das Obst zum Teil zu Most verarbeitet wurde. In der Schule war Gottlob immer der Beste, aber an den Besuch einer Oberschule war nicht zu denken – auch wenn die Lehrer darauf drängten, dem Jungen eine bessere Ausbildung zu geben. Die Oberschule hätte Schulgeld gekostet, und das konnte sich die Familie nicht leisten. Dennoch sagte Mutter Marie schon damals voraus: »Mai Lobber ist so gscheit, der wird amol Minischter.«

Nach acht Jahren Volksschule arbeitete Gottlob zunächst bei den Ziegelwerken in Schorndorf und Winnenden, bevor er in Stuttgart-Feuerbach bei den Bosch-Werken eine Lehre als Feinmechaniker beginnen konnte, für die damalige Zeit eine sehr anspruchsvolle Facharbeiterausbildung. Die Arbeit war auch deshalb hart, weil Lehrlinge damals fast völlig ihren Meistern und Gesellen ausgeliefert waren – Schutzbestimmungen für Jugendliche und Lehrlinge kamen erst in der Weimarer Republik. Ein großer Teil seiner kargen Lehrlingsvergütung ging für das Logiszimmer in Stuttgart drauf.

1914 legte Gottlob die Gesellenprüfung ab. Seine spärliche Freizeit verbrachte er auf dem Fußballplatz, wo man sein Talent als Linksaußen schnell erkannte. So war es kein Wunder, dass er schließlich in die Jugendauswahl des Württembergischen Fußballverbandes aufgenommen wurde. In der Zeit, die ihm darüber hinaus verblieb, führte ihn der Weg des Öfteren in den Buchladen der Frau Westmayer im Ort. Da er keine höhere Schule besuchen konnte, versuchte Gottlob dort seinen Wissensdurst zu stillen. Durch die Lektüre der Leipziger Volkszeitung hielt er sich über die aktuellen politischen Ereignisse auf dem Laufenden.

Von seiner Mutter Marie schon früh mit den Idealen der Arbeiterbewegung vertraut gemacht, wurde der junge Gottlob bald ein eifriger Gewerkschafter. 1913 schloss er sich der Sozialistischen Jugend an. Als 1914 der Erste Weltkrieg ausbrach, wollte der damals 17-Jährige wie die große Mehrheit seiner Generation dem Vaterland zum Sieg verhelfen. So meldete er sich zur Königlich Württembergischen Armee. Am 1. August 1916 wurde Gottlob Kamm eingezogen und kam zur Infanterie. Wegen seiner besonders guten Augen wurde er Maschinengewehr-Scharfschütze. Er kämpfte an der Westfront in Nordfrankreich.

Gottlob Kamm galt als ein guter Soldat. Er erhielt viele Auszeichnungen, auch das Eiserne Kreuz Erster Klasse.

Von sich reden machte Gottlob im Krieg durch eine »Heldentat«, über die er später nur ungern sprach: Vom Boden aus schoss er drei Flugzeuge des Gegners ab und erhielt dafür eine besondere Auszeichnung, die als »Pour le Mérite« des kleinen Mannes bezeichnet wurde und in ihrer Bedeutung über das Eiserne Kreuz hinausging. Doch dann verließ Gottlob das Glück. Am 29. Juli 1917 traf ihn eine feindliche Granate am rechten Knöchel. Sein Gehilfe, den man damals MG-Schütze 2 nannte, band sein Bein ab. Bis Gottlob zum Hauptverbandsplatz gebracht werden konnte, dauerte es jedoch Stunden. Siebenmal setzten die Ärzte dann die Säge an, da sich der Wundbrand im Laufe des Tages immer weiter am Bein hoch fraß. Schließlich blieb nur noch ein Stumpf am rechten Oberschenkel übrig, der Rest des Beines war eine Handbreit über dem Knie abgenommen worden.

Gottlob hatte so viel Blut verloren, dass die Ärzte nicht an ein Überleben ihres Patienten glaubten. So ließen sie ihn in die Leichenkammer verfrachten. Doch Gottlob wachte wieder aus dem Koma auf und wurde, nachdem er wieder transportfähig war, in der Heimat gesund gepflegt. Die Prothese, die er bekam, wurde zu einem seiner äußeren Kennzeichen – so wie seine markante Stimme und später die Zigarre.

Seinen Lebensunterhalt verdiente sich Gottlob nach der Entlassung aus dem Wehrdienst im März 1920 nun mehrere Monate lang als Mechaniker bei der Süddeutschen Kühlerfabrik Behr in Stuttgart-Feuerbach. Nach wie vor schlug sein Herz für den Fußball. So wurde er der 1. Vorsitzende des heimatlichen Arbeitersportvereins. Da er selbst als

Beinamputierter nicht mehr spielen konnte, schrieb er nebenbei Spielberichte für die Freie Volkszeitung in Göppingen und den »grünen« Sportbericht – für die Sportzeitung in Stuttgart, die damals auf grünem Papier gedruckt wurde.

Im Alter von 26 Jahren lernte Gottlob Kamm die Rosa Baumhauer kennen – seine zehn Jahre jüngere, spätere Frau. Er sah sie in Schwäbisch Gmünd auf dem Sportplatz und sprach sie an: Ob sie wohl seinen Spielbericht aufnehmen könnte, den er schnellstens abliefern müsste? Die Handelsschülerin erklärte sich zu dieser Gefälligkeit bereit und nahm nach Diktat das Stenogramm auf. Per Telefon wurde der Text anschließend in die Redaktion nach Stuttgart durchgegeben. Bald entstand eine große Liebe. Als er schließlich am 1. August 1925 Rosa heiratete, war sie gerade 17 und Gottlob 27 Jahre alt. Gemeinsam zogen die beiden in eine kleine Zweizimmerwohnung über einer Gastwirtschaft. Es war eine glückliche Beziehung bis zum Lebensende.

Das politische Engagement verband das Ehepaar. Durch sein eigenes Schicksal geprägt, wurde Gottlob Kamm zum entschiedenen Kriegsgegner. Er schloss sich zu Hause der USPD an und wurde rasch zu einer bekannten und geachteten Persönlichkeit in seiner Partei. Während eines Generalstreiks im April 1919 in Württemberg wählten ihn die Spartakisten zum Streikführer. »Mit wallender Fahne« zog am 4. April ein Zug Demonstranten durch die Stadt, wie es in der Festschrift zum 100-jährigen Jubiläum des SPD-Ortsvereins Schorndorf[2] heißt. Allerdings war Gottlob Kamms

2 100 Jahre SPD Ortsverein Schorndorf, Schorndorf 1991, S. 85 ff.

Rolle umstritten, weil er selbst ja nicht in der Stadt arbeitete.

Doch in der USPD rumorte es. Entstanden aus der Gegnerschaft gegen die Kriegspolitik des Kaiserreiches, drifteten mit der Zeit der rechte und der linke Parteiflügel immer weiter auseinander. Auf dem Parteitag im Oktober 1920 in Halle entschied sich die Mehrheit schließlich für einen Anschluss an die 3. Kommunistische Internationale, der jedoch an 21 Aufnahmebedingungen wie etwa die strikte Unterordnung an die Anweisungen des Exekutivkomitees geknüpft war. In diese Abhängigkeit wollten sich vor allem die meisten USPD-Abgeordneten im Reichstag nicht begeben, und so kam es zur Spaltung. Bei den Landtagswahlen 1921 und 1922 musste die verbliebene Rumpfpartei herbe Niederlagen einstecken – diese USPD hatte als eigenständige Partei keine Zukunft mehr. Als Konsequenz daraus schloss man sich am 24. September 1922 in Nürnberg bei einem Vereinigungsparteitag wieder mit der SPD zusammen. Gottlob Kamm befand sich dort unter den USPD-Delegierten.

Seit 1925 gehörte Gottlob Kamm außerdem dem Schorndorfer Gemeinderat an. Ein Jahr später wurde er Abgeordneter in der Amtsversammlung des Oberamtes Schorndorf. In der vereinten Partei stieg er rasch zum Vorsitzenden der Schorndorfer SPD auf. Er arbeitete als Fraktionsvorsitzender seiner Partei im Gemeinderat und als Vorsitzender des »Reichsbanner Schwarz-Rot-Gold, Bund deutscher Kriegsteilnehmer und Republikaner«. Dieser war als Reaktion auf die rechten Putschversuche des Jahres 1923 entstanden und sollte Versammlungen der republikanischen

Kräfte vor Störern schützen. Zur tätlichen Auseinandersetzung kam es in Schorndorf, als dort eine SA-Gruppe einen Aufmarsch plante. Mit dem Zug reiste die Gruppe aus Stuttgart an, doch die Information über ihre Ankunft eilte den Männern voraus. Rechtzeitig trommelte Gottlob Kamm die Mitglieder des Reichsbanner zusammen. Die SA-Männer wurden mit Prügeln empfangen – mit dem nächsten Zug mussten sie wieder zurückfahren. Zu dem Vorfall gab es eine gerichtliche Untersuchung, die aber im Sande verlief.

Im Oktober des Jahres 1918 wurde Gottlob Kamm auch Leiter der Bezirksorganisation des Reichsbunds der Kriegsbeschädigten, eine Tätigkeit, die schließlich zu seinem Eintritt in das württembergische Arbeitsministerium führte. Er wurde Fachbeamter für die Umsetzung des Schwerbeschädigtengesetzes. Die Voraussetzung dafür hatte er Anfang des Jahres 1920 durch den Besuch der Kriegsbeschädigtenschule geschaffen. Gottlob war besonders in der Werbung von Arbeitsplätzen für Kriegsbeschädigte sehr aktiv, denn eine bestimmte Quote von Behinderten sollte damals schon in allen Betrieben beschäftigt werden. Er hatte fast alle Unternehmen in Württemberg besucht. Doch das beständige Gehen mit einer Prothese verursachte Gottlob arge Schmerzen. So musste er am 30. September 1923 diese Arbeit aufgeben und bekam eine neue Anstellung als Sachbearbeiter beim Deutschen Metallarbeiterverband. Für die einzelnen Abteilungen des Hauptvorstandes stellte er bis 1925 die angeforderten Wirtschaftsberichte zusammen.

Als sich in diesem Jahr die Gelegenheit ergab, den neu entstandenen Bahnhofskiosk in Schorndorf zu mieten, griff

Gottlob zu. Er gab seinen Feinmechanikerberuf auf und legte die Prüfung zum Einzelhandelskaufmann ab. Das ganze Familienleben war ab jetzt von der Arbeit geprägt. Ohne die Großmutter Emma Baumhauer wäre es nicht möglich gewesen, dass Vater und Mutter beide im Arbeitsleben standen. Rosas Mutter, die ihren Mann während des Ersten Weltkriegs verloren hatte, kam Tag für Tag mit dem Zug von Schwäbisch Gmünd nach Schorndorf angefahren, um dem jungen Paar im Kiosk zu helfen. Da bot es sich an, zusammenzuziehen. Nach einer Weile hatten Gottlob und Rosa Kamm genügend Geld angespart, um den Bau eines eigenen Hauses in der Werderstraße in Schorndorf in Angriff zu nehmen.

Sohn Bertold kam am 10. Mai 1926 zur Welt. Jetzt war der Platzmangel in der kleinen Zweizimmerwohnung gar nicht mehr erträglich, doch 1927 konnte der Hausbau schließlich vollendet werden. Dazu kam ein Garten, in dem viele Nutzpflanzen angebaut wurden, um die Lebenshaltungskosten so gering wie möglich zu halten. Gemüse jeder Art, auch Kartoffeln, kamen nun aus dem eigenen Garten. Apfel- und Birnenbäume sowie Beerensträucher rundeten die Eigenversorgung ab. Die Werderstraße 40 in Schorndorf war von nun an der Mittelpunkt der wachsenden Familie. Am 13. August 1927 wurde Tochter Anneliese geboren und am 16. Februar 1929 der Sohn Walter, das »Moggele«. Mitten im Krieg, 1942, kam noch die jüngste Tochter Ursula hinzu. Die Hausarbeit und die Erziehung der Kinder lag wesentlich in der Hand der Großmutter Emma. Manchmal, an den Wochenenden, half der Schwager Walter im Geschäft aus.

Daneben schrieb Gottlob fleißig als freier Journalist für die Zeitung in Göppingen. Jedes Jahr zu Fasching stellte er ein eigenes Blatt für Schorndorf zusammen, in dem er manchen Mitbürger sprichwörtlich durch den Kakao zog. Das kam gut an in der Stadt mit damals rund 7000 Einwohnern. In der Festschrift zum 100-jährigen Bestehen der SPD in Schorndorf heißt es weiter:

»In den letzten Jahren der Weimarer Republik kämpfte er in politischen Versammlungen und in Presseartikeln unverdrossen sowohl gegen den Kommunismus als auch gegen die Nationalsozialisten wegen deren antidemokratischer Haltung und Neigung zur Diktatur. Als streitbarer Demokrat warnte er die Bevölkerung vor den gefährlichen Versprechungen Adolf Hitlers.«

Die Rosa, seine Frau, hatte sich der SAJ (Sozialistische Arbeiterjugend) angeschlossen. Als junge Mutter nahm sie 1931 am letzten großen Treffen der SAJ in Frankfurt teil. Bei dem großen Umzug durch die Stadt wurden damals viele Transparente mitgeführt. »Hitler bedeutet Krieg« oder »Hitler = Krieg«, stand darauf geschrieben. Doch die Mehrheit der Bevölkerung nahm solche Mahnungen nicht ernst.

Nach der Machtergreifung Hitlers wurde Gottlob Kamms politische Arbeit gewaltsam beendet. Auch auf dem Schorndorfer Rathaus hissten nun die Nationalsozialisten ihre Hakenkreuzfahne – die Partei des Adolf Hitler hatte bei den Reichstagswahlen am 5. März 1933 in der Stadt 40,9 Prozent der Stimmen gewonnen. Am 24. März erlebte Schorndorf eine erste größere Polizeiaktion mit Hausdurchsuchungen bei den Gegnern des nationalsozialistischen Regimes. Einen Tag später schrieb die Rathausfraktion der NSDAP an den Bürgermeister, dem SPD-Mitglied Gottlob Kamm »nahe legen zu wollen, bei den nächsten Sitzungen des Gemeinderates nicht zu erscheinen« – um »unliebsame Auftritte« bei diesen Sitzungen »zu vermeiden«. Gekrönt wurde diese Aufforderung mit der Drohung: »Sollte Kamm diesem Rate nicht Folge leisten, dann werde ich beim Oberamt den Antrag stellen, denselben in Schutzhaft zu nehmen.« Der Bürgermeister Raible gab die Aufforderung weiter, und Kamm blieb nichts anderes übrig, als die Konsequenzen zu ziehen: »Da nach den gegebenen Verhältnissen mir die Ausübung des Gemeinderatsmandats unmöglich gemacht wird«, so schrieb er an den Gemeinderat am 30. März zurück, lege er sein Mandat nieder.

In »Schutzhaft«

– Leidvolle Zeit im KZ und das Überleben während der Nazi-Herrschaft

Die Schergen klingelten am Morgen des 2. Februar 1934 an der Haustür. In ihren schwarzen Ledermänteln strahlten die beiden Männer schon von weitem Unheil aus. Auf einem Motorrad waren sie nach Schorndorf gekommen, und in den Beiwagen verfrachteten sie den Familienvater Gottlob Kamm. »Schutzhaft« nannten sie es offiziell, doch es fiel auch das Wort vom »Staatsfeind«.

In der »Meldung über Schutzhaft« blieb die Rubrik »Beweismittel« ohne Eintrag. Am 5. Februar wurde Gottlob Kamm in das »Württembergische Schutzhaftlager Ulm« eingeliefert.

Zum Packen war keine Zeit geblieben. Erst am 15. Februar bekam Gottlob erstmals Gelegenheit, nach Hause zu schreiben. So listete er die wichtigsten Dinge auf, die die Rosa ihm schicken sollte: Taschentücher, Hemden, Kernseife, einen Hausschuh Größe 45, dazu ein Tragegerüst für die Beinprothese, einen Rasierspiegel. Dringend benötigte er außerdem für seinen wunden Stumpf: Kampfer vergällt zum Einreiben, Schwefelpuder, Binden, Watte. »Behandeln kann ich mich selber«, fügte er hinzu.

Der Schutzhäftling Gottlob Kamm nutzte nun regelmäßig die festen Schreibtage in der Woche, um mit seiner Familie Kontakt zu halten. Die Briefe blieben meist nüchtern und sachlich, um die Sorge seiner Lieben um ihn nicht weiter zu schüren. Beschreibungen der Lebensumstände im Lager hätten ohnehin nicht die Zensur passiert. Auf engstem Raum waren sie zusammen gepfercht, insgesamt 300 Männer. Nur spärlich fiel Licht durch die Schießscharten der alten Festungsanlage, in deren unterirdischen Räumen die Häftlinge leben mussten. Es war ständig tropfnass.

Die Korrespondenz konzentrierte sich auf geschäftliche Angelegenheiten – Steuer-, Renten- und andere Behördenprobleme. Immer wieder gab Gottlob Anweisungen, was die Rosa mit den vielen eingehenden Rechnungen machen sollte. Anfang April spitzte sich die Situation der Familie dramatisch zu: Rosa Kamm erhielt die Kündigung für den Bahnhofskiosk von der Reichsbahndirektion in Stuttgart zugestellt. Damit wollten die Behörden die Familie wirtschaftlich ruinieren. Doch dank der Intervention eines befreundeten Notars wurde der Bescheid »vorläufig« zurückgenommen. Überhaupt drehte sich ein großer Teil des Briefwechsels um den Kiosk, der ja die einzige Existenzgrundlage der Kamms war. Der Schwager Walter solle samstags und sonntags im Geschäft helfen, schlug Gottlob vor. Und er erteilte angesichts langer Regentage aus der Ferne den Rat: »Macht sonntags, solange solches Wetter ist, erst gegen halb neun Uhr auf.«

Die Ungewissheit über die Zukunft war zermürbend. Am 1. März sprach Gottlob seiner Rosa Mut zu: »Seid mutig, ich muß es ja auch sein, bei meiner schweren Lage. Durch Weinen und Nerven verlieren, erreicht man nichts. Denke an die Kinder. Es muß auch bei uns wieder einmal Frühling werden. Nochmal: Kopf hoch und die Nerven gespannt.« Gottlob gab die Hoffnung nicht auf, rasch wieder daheim zu sein. So schrieb er zwei Wochen später: »Ich habe noch ein Schillerhemd hier, dann ist meine Wäsche aufgebraucht. Wenn ich heute entlassen würde, hätte ich nicht einmal ein Hemd zur Heimreise ... Schicke mir sofort Wäsche, ebenso bitte ich Dich für mich hierher acht Mark überweisen zu wollen, damit ich Geld für die Heimreise und für die Aufgabe meines Koffers habe, den ich nicht tragen kann, damit ich wenigstens noch ein paar Pfennige habe, wenn ich entlassen werde.«

Aber die Entlassung ließ weiter auf sich warten. Am 21. März erreichten Gottlob die folgenden Zeilen von seiner Frau: »Tag für Tag warten wir, dass Du endlich kommst. Morgen sind schon sieben Wochen, dass man Dich fortgeholt hat. Auf jedem Zug sehen wir nach ob Du nicht mitkommst. Es ist einfach schrecklich ... Das Finanzamt hat mir auch eine Mahnung geschickt zur Abgabe der Steuererklärung obwohl ich doch schon vor längerer Zeit droben war und gesagt habe, dass Du fort bist und ich es nicht kann. Herr Obersekretär Sautter hat mir dann gesagt er werde dafür sorgen, dass ich nicht gemahnt werde und nun bekomme ich doch eine Mahnung. Von Firma Marthaler, Blieskastel, habe ich gestern einen Zahlungsbefehl bekommen. Ich wäre so froh wenn Du hier wärest ... Bertold sagte gestern, weißt Du, Mama, was mir jetzt das Liebste wäre, wenn der Papa jetzt kommen würde. Es ist so: Wenn Du jetzt hier wärest, wären alle Sorgen keine Sorgen mehr.«

Die Botschaft, die er eine Woche später von daheim erhielt, machte dem Häftling das Herz noch schwerer. In ihrer Verzweiflung schrieb die Rosa: »Wenn man nur wenigstens genau wüsste, an wen man sich wenden soll, aber man fährt ja immer im Nebel herum. Vielleicht wäre es das Beste, man würde den Gashahn aufmachen, dann hätte man seine Ruhe.« Andere Nachrichten waren immerhin beruhigend und heiterten ihn auf: »Gott sei Dank, daß bis jetzt noch keines ernstlich krank war und wir jeden Tag aufstehen können. Walter tut eben den ganzen Tag Zugerles. Da geht es immer tsch, tsch, tsch, wir haben schon oft gesagt, daß dem sein Mäule net müd wird. Bertold hat jetzt Ferien bis 16. April und da muß dann auch Anneliese in die Schule.«

Gottlob Kamm war der Häftling mit der schwersten Kriegsbeschädigung im Lager. Deshalb litt er mehr als andere unter den Haftbedingungen. In einem seiner Briefe aus dem KZ ist zu lesen: »Was für einen Gesunden ein Monat Schutzhaft sind, sind für mich vier Monate. Wenn man gar nichts tun kann, während andere Schutzhäftlinge zum Arbeitsdienst dürfen, wenn Du weißt, daß mir jeder Schritt wegen meiner schweren Beschädigung Schmerzen durch das Wundsein bereitet, dann mußt Du alles für mich tun, was meine Freilassung herbei führen kann.«

So schrieb die Rosa schließlich an Adolf Hitler. Die Antwort, datiert vom 5. Mai 1934, »betreff Schutzhäftling Gottlob Kamm, Kaufmann in Schorndorf«, kam vom Württembergischen Innenministerium: »Auf Ihr an den

Herrn Reichskanzler gerichtetes, hierher zur zuständigen Behandlung weitergeleitetes Gesuch vom 29. März um Entlassung Ihres Mannes aus der Schutzhaft wird Ihnen mitgeteilt, daß dieser Bitte zu Zeit noch nicht entsprochen werden kann.«

Die Eintönigkeit der Haft wurde selten unterbrochen. Am 22. April konnte Gottlob immerhin nach Hause berichten: »Diese Woche hatte ich einige Tage Arbeit. Für die Wirtschaftsstelle mußte ich einen Kartenschrank kleben. Neue Arbeit habe ich gestern für einige Tage bekommen, sodaß auch diese Tage wieder schneller an mir vorüber ziehen. Das ist für mich die reinste Ablenkung, weil man eben auch nicht den ganzen Tag lesen kann, obwohl ich hier in den elf Wochen schon sehr viel gelesen habe.« Dass die »Arbeit« zum Beispiel darin bestand, Kloschüsseln mit Zahnbürsten zu putzen, schrieb er nicht. Das erzählte er der Familie erst nach dem Krieg einmal.

Im gleichen Brief schrieb Gottlob Kamm: »Gesundheitlich geht es mit meinem Fuß wieder besser. Ich hab mein Kunstbein schon einige Male hier in Ulm beim Bandagisten machen lassen.« Dass ihm die Begegnung mit dem Mann eine »Annehmlichkeit« brachte, konnte Gottlob der Familie ebenfalls erst nach seiner Entlassung erzählen. Ende der 20er-Jahre hatte er einen so genannten Saugfuß angepasst bekommen. Das neue künstliche Teil saugte sich am Stumpf fest und war hohl. Natürlich waren die NS-Schergen im KZ keine Experten, und sie kannten diese Erfindung nicht. So glaubten sie dem Häftling Kamm, als dieser klagte: Sein Holzfuß sei kaputt, er könne ohne diesen nicht aufstehen und müsse sich einen neuen beschaffen.

Der Bandagist in Ulm, zu dem ihn die Lagerleitung tatsächlich fahren ließ, war ein überzeugter Anhänger der Nationalsozialisten und sogar Blutordensträger. Aber er verstand nicht, dass die Partei einen Kriegshelden wie Gottlob Kamm ins Konzentrationslager gesteckt hatte. Er schickte einen Mitarbeiter los, um Würste zu kaufen, die er dem Häftling als zusätzliche Verpflegung mit auf den Rückweg geben wollte. Gottlob Kamm musste dem Mann freilich sagen, das würden ihm die KZ-Wächter wieder abnehmen. Der Bandagist schlug kurzerhand vor, die Würste ließen sich doch leicht im Hohlraum der abnehmbaren Prothese verstecken. Gottlob Kamm willigte ein, und so geschah es. Doch weil das Bein nun übermäßig schwer geworden war, ordnete der Bandagist an, den Häftling auf einer Bahre zurückzutragen. Auf der Krankenstation im KZ konnte Gottlob Kamm die Würste aus der ungewöhnlichen Verpackung entnehmen.

In regelmäßigen Abständen beorderte der Bandagist nun den Häftling Gottlob Kamm zu sich, um das künstliche Bein zu kontrollieren – und um es erneut mit Würsten und anderen Lebensmitteln zu füllen. Jahre später, nach dem Ende des Zweiten Weltkriegs und der nationalsozialistischen Herrschaft, trafen sich die beiden Männer wieder. Gottlob Kamm war zu dieser Zeit schon Minister für die Entnazifizierung, der Bandagist aber war als Nazi beschuldigt. Gottlob Kamm sorgte für die politische Entlastung des einstigen Wohltäters.

Doch diese kleinen Zuwendungen konnten nichts daran ändern, dass der Häftling Kamm zunehmend in Resignation verfiel. Am 6. Mai schrieb Gottlob seiner Rosa: »Siehst

Du, wenn man alles nimmt, weil ich ein angeblicher Staatsfeind sein soll, dann finde ich mich damit ab. Ich stand schon einmal in der gleichen Lage, wo ich Nächte um mein Schicksal rang, ob es noch lebenswert ist, damals als ich im Feldlazarett unter die Decke schaute, und feststellte, daß ich Krüppel geworden war. Damals schien mir das Leben nicht mehr lebenswert, damals als mir die Tränen eintrockneten, die seither nicht wieder kommen. Damals wurde ich hart gegen mich selbst. Der Aufstieg kam, weil neben dem Willen, Charakter da war. Der Abstieg begann, als ich mich mit Parteipolitik befaßte, als ich als Idealist für andere lebte und dabei oft Geschäft und Familie vergaß! So wars doch und nicht anders. Jene Weichheit ist abgelegt. Du wirst wieder einen stahlharten Mann bekommen, von dessen Leistungen Du selbst, trotz seines Zustandes, staunen wirst. Mein Wille, Tatkraft, und meine geistige Kraft werden die Not überwinden, die vor euch steht.«

Die Sehnsucht nach ihrem Mann verzehrte die Rosa. Sie wollte unbedingt versuchen, ihn einmal in der Haft zu besuchen. Die nötige Zustimmung vom württembergischen Innenministerium hätte sie kaum bekommen, aber Gottlob war von vornherein strikt dagegen. Am 13. Mai sandte er ihr die folgenden Zeilen: »Ich will keinen Besuch von Dir hier. Du mußt das verstehen. Wir waren doch so glücklich miteinander, daß ein Wiedersehen hier mit Dir, bei Deinem weichen Gemüt, nur Tränen erzeugen würde. Solche Begegnungen erspart man sich aus Vernunftgründen und Gründen des Gefühls.«

Zu den Schikanen, die Rosa Kamm erdulden musste, gehörten Hausdurchsuchungen durch die Gestapo. Sieben

Mal erschienen sie während des KZ-Aufenthaltes des Familienvaters im Hause der Kamms auf der Suche nach marxistischer Literatur. Finden konnten sie nichts, obwohl viele wussten: Der Gottlob Kamm hatte die umfangreichste Bibliothek mit sozialdemokratischer und marxistischer Literatur in der Stadt zusammengetragen. Viele Genossen hatten sich bei ihm in früheren Jahren die Schriften und Bücher ausgeliehen. Doch in Vorahnung der kommenden Ereignisse hatte Gottlob Kamm alle seine Bücher und sein Archiv mit eigenen Artikeln bereits im November 1932 bei einer befreundeten katholischen Familie versteckt – in der Freimühle der Scheuerles, zwei Kilometer außerhalb von Schwäbisch Gmünd. Zur Mühle gehörten ein Sägewerk und ein landwirtschaftlicher Betrieb. Dort wurde der Bücherschatz von keinem der nationalsozialistischen Schergen vermutet.

Die Verbindung zu der Familie ging auf Rosas Mutter Emma zurück, die als Kriegerwitwe mit dem Leiterwagen für die Scheuerles Milch ausfuhr. Ihr Mann, der Schriftsetzer Anton, war noch in den letzten Kriegstagen in Frankreich von einer Granate zerrissen worden. Jeden Tag um vier Uhr früh holte sie die Milch ab und verkaufte sie mit einer Schöpfkelle in Schwäbisch Gmünd, für den Tagesbedarf der einzelnen Haushalte. So brachte sie ihre drei Kinder durch, darunter auch die Rosa, die sich ebenfalls mit der Hausherrin anfreundete. Die Sommerzeit verbrachte auch der Sohn Bertold auf dem Gut und spielte den Viehhirten. Die guten Beziehungen zwischen den Familien setzten sich in der nächsten Generation fort. Als nach dem Hitlerattentat vom 20. Juli 1944 wieder einmal eine Welle von Verhaftungen durch die Gestapo das Land in Atem hielt, bekamen es die Scheuerles freilich mit der Angst zu tun. Sie verbrannten eines Nachts alle Bücher Gottlobs mitsamt dem Archiv. Erst nach Kriegsende suchte einer der Söhne des alten Scheuerle die Kamms auf, um den Verlust zu beichten.

Im Lager am Oberen Kuhberg waren übrigens noch etliche andere aktive Sozialdemokraten in »Schutzhaft« – darunter ein alter Freund der Familie Kamm, Dr. Kurt Schumacher. 1895 in Westpreußen geboren, war Schumacher 1920 als Redakteur der Schwäbischen Tagwacht, einer der bedeutendsten sozialdemokratischen Zeitungen jener Jahre, nach Stuttgart gekommen. Er wurde Reichstagsabgeordneter und rasch der unbestrittene Kopf der württembergischen SPD. Schumacher war als Redner bei den Ortsvereinen sehr begehrt – eben auch in Schorndorf. Über die SPD war ihm die Familie Kamm gut bekannt, und durch den Verlust des rechten Armes im Ersten Weltkrieg verband ihn mit Gottlob das Los der Kriegsbeschädigten. Die Großmutter Emma schloss den engagierten Mann schnell in ihr Herz, und es war für sie selbstverständlich, dass sie dem Junggesellen Kurt Schumacher die Kleider wusch und ihn liebevoll pflegte, wann immer ihn der Weg nach Schorndorf führte.

Am 6. Juli 1933 war Schumacher in Berlin festgenommen worden und zunächst im Gefängnis Berlin-Alexanderplatz, später in Plötzensee und im Stuttgarter Polizeigefängnis eingekerkert, bevor er im KZ Heuberg und später auf dem Kuhberg in Ulm landete. Niemand wusste zunächst von seinem Aufenthaltsort. Gottlob Kamm verfiel auf einen Trick, wie er trotz der Zensur Informationen über seinen prominenten Mitinsassen an die Außenwelt bringen konnte. In einem seiner Briefe nach Hause berichtete er: »Wir haben hier Metzger, Schornsteinfeger, Schneider, Schreiner und auch Schumacher.« Auf diese Weise erfuhr seine Frau Rosa, dass Kurt Schumacher im gleichen KZ wie ihr Mann eingeliefert worden war. Gottlobs Mithäftling überlebte später einen 28 Tage dauernden Hungerstreik. Anschließend wurde er ins Konzentrationslager nach Dachau gebracht.

Am 19. Mai 1934 wurde Gottlob Kamm endlich aus dem KZ entlassen. Zum Abschied gab ihm ein Gestapo-Offizier noch einen Rat mit auf den Weg: Er solle sich hier ja nicht wieder blicken lassen – denn er wisse ja, was dann mit ihm passieren würde. Die Erleichterung und Freude der Familie war groß. Nach der Rückkehr daheim hatte sich Gottlob Kamm aber zweimal in der Woche bei der Polizeistation in Schorndorf zu melden.

Andere Opfer der nationalsozialistischen Terrormethoden hatten sicherlich länger zu leiden gehabt, doch auch Gottlob Kamm prägte die Zeit im KZ wie keine andere Erfahrung in seinem Leben. Am 19. Juni 1946 erinnerte er sich in einer Ansprache vor der Vorläufigen Volksvertretung Württemberg-Badens: »Ich habe, als ich im Jahre 1934 aus dem Konzentrationslager entlassen wurde und sah, wie meine Frau und meine drei Kinder hilf- und schutzlos waren, mir geschworen: Wenn du später einmal die gleiche Aufgabe zu erfüllen hast, dann darf sich dies unter gar keinen Umständen an unschuldigen Kindern und Frauen auswirken.« Das Leiden in der Haft unter den Nazis war für den Sozialdemokraten Kamm ein Schlüsselerlebnis, das später seine Amtsführung als verantwortlicher Minister für die Entnazifizierung beeinflussen sollte.

Auch nach Gottlob Kamms Entlassung aus dem KZ trafen die Familie noch vielfältige Schikanen. Gottlob verlor seine Stellung als Fachbeamter für die Umsetzung des Schwerbeschädigtengesetzes im württembergischen Arbeitsministerium. Über ein Jahr lang blieb er arbeitslos. Der Verkaufsstand am Schorndorfer Bahnhof lief zwar weiter, doch viel Geschäft war damit nicht zu machen. Selbst manche ehemaligen Parteifreunde mieden den Kiosk und wollten Gottlob nicht einmal mehr auf der Straße grüßen. Das war eine bittere Erfahrung für den überzeugten Sozialdemokraten. Zudem verlangte die Bahn für den rund 20 Quadratmeter großen Kiosk auf Druck der Nazis jetzt nicht mehr wie bisher eine monatliche Pacht von 20 Reichsmark, sondern plötzlich 300 Reichsmark – ein Wucherbetrag für die damalige Zeit.

So versuchte Gottlob Kamm, wieder in seinem erlernten Beruf als Feinmechaniker zu arbeiten. Am 1. August 1934 bekam er Beschäftigung bei den Fortunawerken in Stuttgart-Bad Cannstatt. Doch diese Stelle behielt er nicht lange, schon am 18. Januar 1935 bekam er wieder seine Entlassungspapiere – »aus politischen Gründen«, wie es hieß. Aber Gottlob Kamm gab nicht auf. Zum Glück für die Familie fand er bereits am 31. Januar eine andere Firma, die ihm eine Stelle gab: Die Firma Terrot, ebenfalls in Bad Cannstatt. Jeden Tag musste Gottlob nun früh um 6 Uhr zum Bahnhof laufen, um den Zug in Richtung Stuttgart zu erreichen. Besonders im Winter, bei Schnee und Glatteis, war das für ihn mit seiner Beinprothese schwierig. Doch die

Kinder halfen ihrem Vater, so gut sie konnten – mit dem Schlitten fuhren sie ihn zur genannten Zeit zum Bahnhof.

Auf diese Weise gelang es der Familie Kamm, unter der nationalsozialistischen Diktatur zu bestehen. Vom öffentlichen Leben war Gottlob Kamm zwar gänzlich ausgeschlossen, aus Protest gegen die Nationalsozialisten trat er aber nun in die Kirche ein. Seine Meinung für sich behalten konnte er freilich auch in jenen düsteren Jahren nicht. Dabei lernte er viel Opportunismus unter seinen Mitmenschen kennen. Nach dem Krieg – bereits im Amt des Ministers – erzählte er einmal Journalisten: »Aus eigener Erfahrung kann ich sagen, daß ich vom Jahre 1935 bis 1945 als einfacher Arbeiter täglich mit dem Zug von Schorndorf nach Cannstatt gefahren bin und manchmal habe ich beim Ortsgruppenleiter vorsprechen müssen, wenn ich eine entsprechende Äußerung abgab, die aber nicht von Parteigenossen dorthin getragen wurde, sondern von Leuten, denen ich vor 1933 sehr nahe stand, und ich konnte mich manchmal umgekehrt mit Parteigenossen länger unterhalten und ihnen die Katastrophe voraussagen, ohne daß die Betreffenden mich gemeldet haben.« Die Anzeige eines Denunzianten führte 1939 zu einem Verfahren vor einem Sondergericht. Zu einem Urteil kam es nicht.

Es gab für Gottlob Kamm während dieser Jahre nur eine Freude: Der VfB Stuttgart kündigte ihm die Ehrenmitgliedschaft nicht auf. So konnte er, der Fußballfan, auch während der faschistischen Herrschaft zu jedem Spiel zwei Freikarten nutzen. Kurz vor Beginn des Krieges ergab sich für die Familie Kamm außerdem die Gelegenheit, in Bad Cannstatt einen Lebensmittelladen zu pachten – ganz in der Nähe der

Firma, in der Gottlob arbeitete. So fuhr er nun jeden Morgen in Begleitung seiner Frau Rosa nach Cannstatt. Es war eine sehr beschwerliche Zeit. Fast jeden Tag kamen mehr als zwölf Stunden Arbeit zusammen. Weil wegen der verordneten Lebensmittelbewirtschaftung jedes Gramm nur auf Bezugschein abgegeben werden durfte, saß die Familie fast jeden Abend beim Aufkleben der Lebensmittelkarten, um ordnungsgemäß abrechnen zu können.

Begierig hörte das Ehepaar die abendlichen Nachrichten von der BBC – dem »Feindsender« nach dem Verständnis der Nationalsozialisten. Beinahe jeden Abend kam der Schorndorfer katholische Pfarrer Kramer vorbei, um gemeinsam mit der Familie im ersten Stock die BBC-Berichte zu verfolgen. Zwischen dem Pfarrer und dem Sozialdemokraten entwickelte sich im Laufe der Zeit eine regelrechte Freundschaft. Dabei mussten alle äußerst vorsichtig sein. Wären sie ertappt worden, so hätte Gottlob erneut die Verhaftung und das Konzentrationslager gedroht.

Zum Glück stand das Kamm'sche Einfamilienhaus in Schorndorf nach allen Seiten hin frei, und im Garten meldete der Schäferhund der Familie mit seinem Bellen jeden fremden Besucher. Niemand konnte deshalb unbemerkt ins Haus kommen – das galt auch für die unmittelbare Nachbarin, die eine glühende Nazi-Anhängerin war und bis zum Einmarsch der amerikanischen Truppen in Schorndorf an den »Endsieg« glaubte. Gottlob Kamm dagegen war von Anfang an überzeugt, dass Hitler den Krieg verlieren würde. Im Wohnzimmer der Familie war eine Weltkarte aufgehängt, die mit Stecknadeln jeweils den genauen Frontverlauf anzeigte.

Treffen mit Verwandten gab es zu jener Zeit kaum, denn politische Gegensätze spalteten die Familie Kamm. Gottlobs Bruder Karl und seine Schwester Anna waren Kommunisten, und das Verhältnis der Geschwister untereinander war gespannt. Zur Verwandtschaft gehörte die Familie der Simpfendörfers, in die eine Schwester von Gottlobs Mutter eingeheiratet hatte. Die Simpfendörfers hatten sich dem konservativen Zentrum verschrieben. Keine Verbindung gab es zu einem Onkel, der in Stuttgart als Professor tätig war und frühzeitig seine geistige Heimat bei den Nationalsozialisten gefunden hatte. Rosas Familie war streng katholisch und ebenfalls dem Zentrum zugeneigt. Allerdings waren ihre Brüder Walter und Bertold Sozialdemokraten. Ein Onkel Rosas war Betriebsratsvorsitzender bei der Firma Continental in Hannover und Kommunist, ein anderer Onkel katholischer Pfarrer und Geistlicher Rat in Wien. In diesem Kreis gab es wenig Gemeinsamkeiten.

Es kam der April 1945. Am Donnerstag, den 19., war Rosa Kamm morgens noch mit dem Auto in ihr Geschäft nach Bad Cannstatt gefahren. Ruhig ging sie dort ihrer Arbeit nach, während um sie herum Gerüchte für viel Aufregung sorgten. Die Vertreter der Nazi-Behörden forderten alle Bürger von außerhalb der Stadt auf, nach Hause zu gehen, und in den noch funktionierenden Fabriken die Maschinen zu zerstören. Damit der Sohn Bertold, der sich in englischer Gefangenschaft befand, und die Tochter Ursel, die gerade zweieinhalb Jahre alt war, später alles nachlesen könnten, schrieb Mutter Rosa die Geschehnisse nieder – in einem »Brief«, datiert vom 21. April 1945:

»Das Fahren mit dem Auto war keine Kleinigkeit mehr. Die Nerven waren angespannt bis aufs Äußerste. Dauernd die Angst vor den Jagdbombern. Am Samstag Abend sechs brennende Autos zwischen Endersbach und Heppach. Dieses Bild stand mir immer vor Augen. Nun also Donnerstag Abend, 19. April 1945, kam ich nach Hause. Da kamen die Nachrichten, die Amerikaner sind in Lorch, in Welzheim, in Alfdorf, in Gschwend.

Nun ja, am Donnerstag Abend wurde noch bekannt, daß die Proviantlager am Freitag geräumt werden. Nun wußten wir also, daß es nicht mehr lange dauern könnte bis die Truppen kommen. Schon als wir hörten, daß es die Amerikaner sind waren wir schon zufrieden. Nun zog sich aber die Sache noch den ganzen Freitag hin. Ich konnte mir es nicht mehr erlauben nochmals nach Cannstatt zu fahren. Der Freitag war voll Unruhe: Die ganze Stadt war auf den Füßen. Alle hatten Wägele voll geladen mit Proviant. Die Leute brachten sich beim Holen der Sachen beinahe um, und dann die rege Jabotätigkeit trug natürlich nicht zur Beruhigung bei, zumal einige Tage vorher die Häuser um den Bahnhof durch Bombenabwürfe zerstört wurden. Kurz und gut: es war eine Betriebsamkeit geladen voll innerer Spannung, die unheimlich war.

Nun Freitag 20. April, Hitlers Geburtstag. Kurz vorher lasen wir noch den Tagesbefehl an die Soldaten. Wie immer große Töne: Berlin bleibt deutsch. Die Nazis klammern sich nochmals an diese Worte. Es ist so: kein anderes Volk der Welt würde noch ein Wort von ihm glauben. Man muß sich schämen: so dumm können nur die Deutschen sein, dank Göring, diesem Menschen und seinen brutalen Helfershelfern. Am Osterdienstag hatten sie schon ganz anders gesprochen. Da konnte man all und überall in allen Straßen und Plätzen die ›verlorenen‹ Parteiabzeichen finden. Jetzt nur diese Worte als Überschrift in der Zeitung und schon ist ihre Brust wieder geschwellt. Es ist direkt zum Ekeln. Am Donnerstag belehrte uns noch eine Frau im Laden: ›Ihr habt halt nicht den richtigen Glauben‹, deshalb gewinnen wir nicht. Sie meint eben ihr Glaube an den Führer sei das Richtige und da müssen wir eben ›siegen‹. Frei nach Göbbels: ›Wir siegen, weil wir siegen müssen‹.

Es ist einfach lächerlich. Parteibonzen leugnen plötzlich ihre Mithilfe bei der Partei ab. Parteiabzeichen werden weggeworfen, Ortsgruppenplakate fehlen. Über Nacht werden von den ›überzeugten‹ Nazis im Schutze der Dunkelheit alles entfernt und alle diese Ludereien zeugen deutlich vom Untergang der Naziherrlichkeit.

Nun der Freitag ging vorüber. Am Abend halb elf Uhr kam Voralarm. Vater sagte: Das wird wohl der letzte Fliegeralarm gewesen sein. Es war so. Den ganzen Tag schoß die Artillerie. Wir, die wir am Stadtrand wohnen, haben schon etwas Angst bekommen. Zum Teil sind auch Einschläge der Granaten in nächster Nähe erfolgt. Wir siedelten schon am Donnerstag in der Nacht in den Keller um, da auch in dieser Nacht starker Beschuß eingesetzt hatte. Nun auch am Freitag schliefen wir wieder im Keller. Nun kam der Samstag morgen. Schon in der Nacht dachten wir die Amerikaner kommen. Ein Nachbar sagte uns am Donnerstag Abend die Amerikaner seien in Welzheim. Es dauerte uns eben jetzt schon zu lange und wir dachten schon wir müßten noch länger in der Ungewissheit leben. Nun gut am Samstag morgen, als noch der Betrieb an den Versorgungslagern in vollem Gange war, schoß die Artillerie und leider gab es da vier Tote. Nun überhäuften sich die Nachrichten. Die Amerikaner sind in der Siedlung. Niemand ließ sich stören. Der ›Einkauf‹ ging weiter. Die Brücke über die Rems wurde Gott sei Dank nicht gesprengt. Die Stadt wurde nun ordnungsgemäß vom Stadtkommandanten, Bürgermeister usw. übergeben. Der Verkehr ging weiter.

Die Amerikaner gingen in zwei Schützenketten die Vorstadt herein. Alles blieb ruhig. Dann auf den Marktplatz, Rathaus und weiter ging es Richtung Schlichten. Alles war in kurzer Zeit vorbei. Mittags gingen wir schnell in die Vorstadt. Ich wollte mir die Sache doch einmal ansehen. Überall in den Straßen USA-Soldaten mit Stahlhelm, Gewehr usw. Es war doch ein unfreundliches Gefühl so da rumzulaufen, zumal ich immer vor Gewehren, Revolvern usw. ein heimliches Grausen habe. Nun alles ging gut, alles war in Ordnung. Nun die große Aufregung mittags. In der Werderstraße fahren amerikanische Autos vor. Halt etwas hätte ich noch vergessen. Wir dachten schon alles ist erledigt. Da hörten wir Maschinengewehrschüsse. Oben am Wald sind anscheinend noch einige deutsche Soldaten gewesen, die glaubten noch schießen zu müssen. Aber bald hörte dies auf, und die Ruhe war hergestellt.

Also weiter: Dieser Schreck! Häuser in unserer Straße müssen in 30 Minuten geräumt sein. Schon denken wir alle, wen trifft es wohl, sind wir auch dabei? Es kroch mir kalt den Rücken hinauf. Wohin mit all meinen Lieben? Es traf also nicht uns. Vater ging dann zu den Soldaten hin und fragte weshalb und wie lange. Es sollte also nur für einige

Tage sein. Als dies bekannt wurde waren wir natürlich sehr froh. Heute Sonntag konnten die Leute schon wieder in ihr Heim zurück. Heute haben wir schon die Namen von den ganzen Hausinsassen an die Haustüre schreiben müssen. Ausgehen durften wir von 8 bis 17.30 Uhr. Wir haben nur zum Kirchgang davon Gebrauch gemacht. Morgen müssen wir unser Auto anmelden. Stuttgart sei auch schon übergeben. Licht haben wir leider keines. Aber ich denke, daß wir auch dieses wieder bekommen. Heute Nacht schliefen wir wieder in unseren Betten oben. Gestern konnten wir es uns nicht erlauben, da in unserer Nähe eine Batterie amerikanischer Artillerie aufgefahren war. Nun, es ging alles gut. Nichts ist mehr passiert, und wir hoffen, dass die Ruhe anhält.«

Ein Mann für die »politische Entlausung«

– Eine staatspolitische Aufgabe wartet

Der Krieg, den die Nationalsozialisten in ihrem Größenwahn begonnen hatten, war also tatsächlich zu Ende gegangen. Viele Deutsche bedauerten, dass der Vormarsch der Alliierten nicht schneller voran ging, damit endlich ein Schlussstrich unter die Schrecken der Nazi-Herrschaft gezogen werden konnte. Weil Anfang April die Amerikaner bei Heilbronn und Crailsheim noch durch den Widerstand restlicher deutscher Truppen aufgehalten wurden, drangen die Franzosen von Süd-Baden nach Süd-Württemberg ein. Dadurch wurde das ehemalige württembergische und badische Land in zwei Teile zerschnitten.

Am 7. Mai 1945 kapitulierte Deutschland vor den Alliierten. Am 5. Juni 1945 wurde der »Alliierte Kontrollrat« gebildet. Deutschland wurde in vier Besatzungszonen aufgeteilt. Zur amerikanischen Zone gehörten die Länder Bayern, Hessen, Bremen mit Bremerhaven und Nordwürttemberg sowie Nordbaden. Südwürttemberg und Südbaden fielen in die französische Besatzungszone. Was mit Baden und Württemberg geschah, wertete die amerikanische Zeitung »Stars and Stripes« in ihrer Ausgabe Nr. 50 vom 25. Januar 1948 wie folgt:

»Wenn Sie zwei Äpfel vom selben Baum nehmen, sie in zwei Hälften schneiden, die Hälften kreuzen, die seltsamen Früchte auf eine Schnur ziehen und sie dann an zwei verschiedene Bäume binden, dann stellt das sich ergebende Bild ziemlich eindeutig die missliche Lage dar, in welcher sich die beiden Staaten Württemberg und Baden bei Kriegsende befanden. Die südlichen Hälften dieser südwestlichen Staaten wurden den Franzosen zur Besetzung übergeben, während die nördlichen Hälften, einschließlich der beiden Hauptstädte Stuttgart und Karlsruhe, in der amerikanischen Zone verblieben. Um gründlich zu verstehen, was in dem kleinsten der US-Staaten gute und schlechte Politik bedeutet, ist es wichtig zu wissen, dass die Einwohner von Württemberg-Baden, obgleich sie nach der Geschichte und Tradition Gegner sind, mit der Verbindung ihrer kleinen Staaten in eine Art Verwaltungseinheit einverstanden sind. Man muß jedoch auch verstehen, dass das alliierte Entzweischneiden der Äpfel Württemberg und Baden vom Volk ebenso begrüßt worden ist, wie Adolf Hitler in einem verschleppten Lager begrüßt werden würde.«

Die Bildung von Länderregierungen wurde von der jeweiligen Besatzungsmacht entsprechend den jeweils eigenen politischen Vorstellungen zur Wiederherstellung der Demokratie in Deutschland vorangetrieben. Dabei setzten die Amerikaner vor allem auf Persönlichkeiten, die im NS-Regime verfolgt worden waren und schon vor 1933 für die Demokratie und gegen den Nationalsozialismus gekämpft hatten. Bei der Suche nach »zuverlässigen« Persönlichkeiten stießen sie auf Gottlob Kamm ebenso wie auf Reinhold Maier von der Deutschen Volkspartei (DVP). Der zuletzt Genannte schien ihnen am geeignetsten zu sein, den Posten des Ministerpräsidenten von Württemberg-Baden zu übernehmen.

Maier war damals Rechtsanwalt in Stuttgart und stammte wie Gottlob Kamm aus Schorndorf. 1889 als Sohn des Stadtbaumeisters und Bauunternehmers Gottlieb Maier geboren, besuchte er in seiner Heimatstadt die Volks- und die Lateinschule. Als Gottlob Kamm zur Schule kam, hatte Reinhold Maier Schorndorf längst verlassen. In Grenoble und Tübingen studierte der künftige Ministerpräsident Volkswirtschaft und Jura, als Kriegsfreiwilliger erlebte er den Ersten Weltkrieg. Den »Dr. jur.« erwarb er sich 1921 in Heidelberg, arbeitete anschließend als Anwalt in Stuttgart, wo er 1924 den Vorsitz der Deutschen Demokratischen Partei übernahm. Die Arbeit als Landtagsabgeordneter, anschließend als Reichstagsabgeordneter, sowie als Wirtschaftsminister in Württemberg markierten die Stationen seines politischen Lebenslaufs – bis eben auch in seinem Fall die Nationalsozialisten die Karriere beendeten. Noch lange Zeit danach waren in der nationalsozialistischen Presse Hetzartikel gegen ihn zu lesen. Maier war mit einer Jüdin verheiratet, die er zusammen mit ihren zwei Kindern 1939 außer Landes bringen konnte. Er verlor seine Rechtsanwaltspraxis und wurde gegen Kriegsende als Munitionsarbeiter in einen Rüstungsbetrieb gesteckt. Der drohenden Verhaftung durch die Gestapo konnte er sich Anfang 1945 durch Flucht entziehen.

Nach dem Kriegsende arbeitete Maier bis zu seiner »Entdeckung« durch die Amerikaner zunächst ehrenamtlich beim Landratsamt in Schwäbisch Gmünd. Am 7. August 1945 wurde Maier nach genauer Überprüfung durch die Amerikaner zum Ministerpräsidenten bestimmt. In Verhandlungen einerseits mit den Amerikanern und zugleich mit den sich neu etablierenden Parteien stellte Maier ein Allparteienkabinett zusammen, das er am 14. August den amerikanischen Besatzungsbehörden vorstellte. Einen Monat später traf deren Bestätigung ein, am 24. September 1945 wurde Maier vereidigt.

Gottlob Kamm war bereits am 25. Juni 1945 vom amtierenden Landrat Schmid des Kreises Waiblingen der Militärregierung als Bürgermeister der Stadt Schorndorf vorgeschlagen worden. Einen Monat später wurde ihm außerdem die Verwaltung der Schorndorfer Nachbargemeinde Weiler/Rems übertragen. Politisch wieder aktiv war Gottlob Kamm freilich schon unmittelbar nach der Befreiung Schorndorfs geworden: Er gründete einen »Bürgerausschuss«, der eine Demokratisierung »von unten« in Gang setzen sollte und einen Gegenpol zur immer noch bestehenden »alten« städtischen Verwaltung in Schorndorf bilden wollte. Denn die Stadtverwaltung stand zunächst weiter unter der Leitung des von der NSDAP eingesetzten Bürgermeisters Richard Beeg. Doch Gottlob Kamms Vorhaben scheiterte, am 11. Mai 1945 legte er den Vorsitz des Bürgerausschusses nieder.

Das Rücktrittsschreiben Kamms an den Bürgermeister dokumentiert noch einmal die Absicht, die hinter der Gründung des Bürgerausschusses stand. Zugleich beschreibt es das Scheitern des politischen Neuanfangs »aus eigener Kraft«:

»Bei der mir vorgenommenen Arbeit, die vom Ausschuss getragen war, hatte man von vornherein im Auge die Auskämmung der Verwaltung. Denn es ist ein ebenso schlechtes Zeugnis für die Bevölkerung der Stadt, wenn man wie bei der jetzigen Befreiung vom Nazismus durch die Amerikaner auch in dieser Frage sich wieder auf die Besatzungsbehörde verlassen muß, weil die eigene Kraft der Bevölkerung hierzu nicht ausreicht.

Bei dieser Arbeit ist man auch prompt auf den erwarteten Widerstand gestoßen: Wir werden in Schorndorf auch heute noch genau von den Leuten regiert, die seit dem Jahre 1933 auf dem Schorndorfer Rathaus sich befinden; es ist im Gegenteil durch die weitere Heranziehung von Hilfskräften, die ... beinahe ausschließlich aus den Kreisen der Nazipartei oder aber deren Gliederungen entnommen wurden, eine weitere Verschlechterung eingetreten. Wenn durch die Tätigkeit des Bürgerausschusses auch die übelsten Erscheinungen zunächst beseitigt werden konnten, so ist doch zu sagen, daß sich auf dem Schorndorfer Rathaus noch Leute bewegen, die gemäß ihrer Vergangenheit aus charakterlichen Gründen sich lieber in ein Mauseloch verkriechen sollten, als sich wieder aufzuspielen, als wenn überhaupt nichts gewesen wäre. Seitens der Stadtverwaltung wurde zur Ausmerzung dieser Kräfte so gut wie nichts getan.«

Der Aufbau demokratischer Strukturen von der Basis her entsprach offensichtlich nicht den politischen Vorstellungen der Amerikaner bei der Wiederherstellung der De-

Gottlob Kamm als Bürgermeister der Stadt Schorndorf auf dem Balkon des Rathauses

mokratie in Deutschland. Jedenfalls wurde Gottlob Kamm vom Bürgermeisteramt mitgeteilt, der Gouverneur der Militärregierung habe die Meinung vertreten, dass der erweiterte Bürgerausschuss nicht mehr das Recht habe, in der seitherigen Form seine Arbeit fortzusetzen, sondern dass höchstens noch der engere Ausschuss für eine Mitarbeit in Frage komme.

Daraus zog Gottlob Kamm die Konsequenzen: »Ein Bürgerausschuss hat aber nur einen Sinn, wenn die Arbeit auf möglichst breiter Grundlage erfolgt und alle Volksschichten und Berufsstände darin vertreten sein können und ihre Meinung kundtun können. Aus all den vorgenannten Gründen bin ich leider nicht in der Lage meine Arbeitskraft ehrenamtlich auch weiterhin dem Bürgermeisteramt zur Verfügung zu stellen, weil ich die Verantwortung gegenüber der gesamten Arbeiterschaft dafür nicht übernehmen kann.«

Gottlob Kamm schickte eine Abschrift der Erklärung an den Landrat des Kreises Waiblingen, der daraufhin am 25. Juni 1945 den Sozialdemokraten selbst als neuen Bürgermeister einsetzte. Das Amt übte Gottlob Kamm bis zum 23. Juli 1948 aus. Bald stellte sich heraus, dass die Aufgabe mit manchen harten Entscheidungen verbunden war. Auf Anweisung der Militärregierung musste Kamm in Schorndorf erst einmal alle städtischen Beamten – darunter sehr tüchtige – wegen ihrer früheren Parteizugehörigkeit zur NSDAP entlassen. Kamm erinnerte sich später daran, was er den Beamten zum Abschied sagte: »Haben Sie Geduld! Sehen Sie in Ihrem Schicksal eine Sühnemöglichkeit für begangene Fehler. Arbeiten Sie. Wenn Sie sich bewähren, wird wie für das ganze deutsche Volk der Welt gegenüber auch für Sie die Stunde der Rückkehr schlagen.«

In jenen turbulenten Zeiten stand Gottlob Kamm vor gewaltigen Aufgaben. Materielles Elend herrschte überall zwischen den zerstörten Häusern. So baute Kamm zielstrebig die neue Verwaltung auf und sorgte dafür, dass die Beschlagnahme von Häuserblocks durch die Alliierten wieder rückgängig gemacht wurde. Doch es warteten weitere Herausforderungen: Die persönlichen Schicksale in den Familien, in die die Soldaten heimkehrten, das Auftauchen von Flüchtlingen, und die Gegenwart von ehemaligen Zwangsarbeitern meist polnischer Herkunft, die die US-Verwaltung als »displaced persons« in Schorndorf einquartierte. Die Flüchtlinge wurden zunächst in der Künkelin-Halle in Schorndorf untergebracht; von dort aus sollten ihnen Wohnräume zugewiesen werden. Um den Schorndorfer Bürgern Zwangseinquartierungen zu ersparen, organisierte Gottlob Kamm Trennwände und Betten, sodass die Fremden auf dem Gelände der Strickwarenfabrik Kübler ein menschenwürdiges Unterkommen finden konnten.

Als typisch für sein pragmatisches Handeln in diesen Tagen mag eine Anekdote stehen: Eines Tages kam der zuständige US-Offizier und eröffnete ihm, dass die amerikanische Verwaltung nun im Rathaus eingerichtet werden solle – im ersten Stock, wo Gottlob Kamm selbst sein Zimmer hatte. Er hörte dem Vertreter der Besatzungsmacht, die ihn eingesetzt hatte, ruhig zu. Danach stand er auf, zog seine Jacke aus und bot sie dem amerikanischen Offizier an: »Die könnt ihr auch noch haben, und einen neuen Bürgermeister könnt ihr auch gleich suchen.« Der

US-Offizier war verblüfft. Gottlob Kamm behielt seine Amtsräume.

Unverdrossen versuchte Gottlob Kamm zu helfen, wo er nur konnte – zunächst als Bürgermeister und ebenso später als Minister. Eine seiner Ideen, die zu einem großen Erfolg werden sollte, war die Aktion »Äpfel für Stuttgart«. Offiziell hatten es die Amerikaner den Bauern verboten, Obst und Gemüse nach Stuttgart zu bringen, um die Tauschgeschäfte einzudämmen. Die daraus entstehende Situation schilderte Rosa Kamm in einem zweiten Brief an ihre Kinder: »Die Stuttgarter können ja verhungern, wenn nur Fellbach was hat. Dies ist doch nicht das Richtige, und alles, alles liegt im Argen.« Gottlob Kamm ergriff nun die Initiative: Er rief als Bürgermeister die Bewohner von Schorndorf dazu auf, für die Landsleute in Stuttgart Äpfel und andere landwirtschaftliche Produkte zu sammeln. Am angegebenen Tag, dem 13. Oktober 1945, kamen die Bauern mit ihren Fuhrwerken und Leiterwagen mit Kisten voller Obst und Gemüse aus allen Himmelsrichtungen in die Stadt. Vom ersten Stockwerk des Rathauses aus sah Gottlob Kamm mit großer Befriedigung das Ergebnis seines Appells. Der Bürgeraktion zollten selbst die Amerikaner Anerkennung – sie sorgten für den Weitertransport der Waren nach Stuttgart.

Hilfe war auch beim ersten Treffen der Jungsozialisten von Württemberg-Baden am 18. Oktober 1947 in Schorndorf vonnöten. Hier trat Gottlob Kamm als Redner bei der Eröffnungsveranstaltung um 16 Uhr auf – neben Karl Mommer aus Ludwigsburg, der später Mitglied des ersten Deutschen Bundestags und von 1957 bis 1966 dessen Vize-

Bei der freiwilligen Aktion »Äpfel für Stuttgart« am 13. Oktober

1945 auf dem Schorndorfer Marktplatz

präsident war. Bei der geplanten Großkundgebung um 20 Uhr sollte der Ministerialrat Erhard Schneckenburger sprechen, am Sonntag stand noch eine Feierstunde zu Ehren der Kriegsgefangenen auf der Tagesordnung. Höhepunkt aber war zweifelsohne die Verpflegung – denn Lebensmittel waren zu dieser Zeit noch spärlich. Gottlob Kamm sorgte dafür, dass die Jusos von den Gulaschdosen bekamen, die noch im alten Lebensmitteldepot aus NS-Zeiten lagerten.

Ältere Schorndorfer Bürger erinnern sich ferner an die Aktion des Bürgermeisters Kamm, als Lkw-Transporte mit deutschen Soldaten nach der Freilassung aus der Kriegsgefangenschaft durch die Stadt kamen. Sofern sie hier über Nacht blieben, wurden sie auf Betreiben Gottlob Kamms mit Zivilkleidung versorgt – und damit war ihre Odyssee in Schorndorf zu Ende. Die Amerikaner hatten sie in die französische Zone bringen wollen – doch dort hätte ihnen eine erneute Gefangennahme gedroht.

Auch viele Deutsche aus Ungarn, die nach dem Krieg von dort vertrieben worden waren, landeten in Schorndorf. Der Mangel an Lebensmitteln und Wohnungen verstärkte sich durch diese Zuwanderer weiter. Doch Gottlob Kamm konnte durch sein Organisationstalent auch diese Probleme rasch lösen. Er beschaffte den Ungarn-Deutschen sogar Musikinstrumente, sodass diese sehr bald ihre eigene Blasmusikkapelle gründen konnten. Das sprach sich herum, und Gottlob Kamms Ruf verbreitete sich bis zu den zurückgebliebenen Deutschen in Ungarn, die nicht vertrieben worden waren, weil sie einheimische Frauen geheiratet hatten.

Durch seine geschickte Amtsführung, die allgemein als »gerecht« empfunden wurde, verstand es Gottlob Kamm, das Vertrauen der Bürger für sich zu gewinnen. Philipp Palm, einer seiner langjährigen Weggefährten, erinnerte sich an einen Vorfall, der damals ganz Schorndorf in Atem hielt: »Es gab noch ein großes Wehrmachtslager in Schorndorf. Das wurde eines Tages geplündert. Säckeweise wurde zum Beispiel wertvoller Zucker weggeschleppt. Der Gottlob schaffte es, die Leute davon zu überzeugen: Das war nicht in Ordnung gegenüber anderen Bürgern, die auf diese Weise leer ausgingen. Er schickte einen Lkw los, und die Bürger wurden aufgefordert, das geplünderte Gut wieder abzuliefern. Alle spielten mit. Danach wurde der wieder eingesammelte Zucker gerecht verteilt. Stets war der Gottlob hilfsbereit. Jedermann wusste: Wer kein Verbrechen begangen hatte, der konnte zu den Kamms gehen, dort wurde einem geholfen so gut es ging. So schlug das Misstrauen der Mitbürger, das in Gottlobs Zusammenarbeit mit den Amerikanern seine Ursache hatte, schnell in Sympathie um.«

Zu dieser Sympathie trug sicherlich bei, dass der Bürgermeister und spätere Minister bodenständig blieb und den engen Kontakt mit der Bevölkerung hielt. Philipp Palm berichtete: »Im ›Elephanten‹, seiner Stammkneipe, haben wir so manches Viertele zusammen getrunken. Da äußerte der Gottlob oft seine Meinung zur Entnazifizierung – nämlich, dass man doch nicht ein ganzes Volk einsperren könne.«

Am Abend des 8. September 1945 berief Gottlob Kamm im Gasthaus »Weißes Lamm« eine Versammlung ein, um in Schorndorf wieder eine Arbeiterpartei zu gründen. Frühere Mitglieder und Freunde der SPD sowie der Kommunistischen Partei waren dazu eingeladen. Doch bald kam es zu Differenzen zwischen den Sozialdemokraten und den

Kommunisten. Ihre Wege trennten sich schnell wieder. Im November konnte Gottlob Kamm seinen Parteigenossen mitteilen, die förmliche Erlaubnis der amerikanischen Militärverwaltung zur Gründung der Sozialdemokratischen Partei im Kreis Waiblingen sei eingetroffen.

Im März 1946 wurde Gottlob Kamm als Staatssekretär in die Landesregierung von Reinhold Maier berufen. Die beiden Männer hatten vor 1945 keinen Kontakt miteinander gehabt, respektierten sich aber gegenseitig. Maier wusste natürlich von Kamms politischem Talent. Auf Anweisung der Militärregierung wurde das Staatssekretariat im Juli 1946 in ein Ministerium umgewandelt, und so wurde Gottlob Kamm im August zum »Staatsminister für politische Befreiung« ernannt, dem die Aufgabe der Entnazifizierung oblag. Im allgemeinen Sprachgebrauch galt er von nun an als »der Befreiungsminister«. Neben dem Ministerium wurde ein Entnazifizierungsausschuss als ständiger Ausschuss des Länderrats eingerichtet. Gottlob Kamm hatte nun monatlich an jedem zweiten und vierten Dienstag an den Sitzungen des Ausschusses teilzunehmen. Die Besprechungen dauerten wegen der häufigen Meinungsverschiedenheiten mit den anwesenden Vertretern der Militärregierung über die einzelnen Durchführungsverordnungen oft bis nach Mitternacht. Bei den Kabinettssitzungen in Stuttgart erschien Kamm dagegen nur selten – es gab für ihn in seinem Amt meist Wichtigeres zu tun.

Die Berufung löste innerhalb der Familie natürlich heftige Diskussionen aus. Die Ehefrau Rosa und die Tochter Anneliese waren der Meinung, dass Gottlob viel besser geeignet wäre, das Amt des Arbeitsministers in der Regierung

Maier zu übernehmen – aus der Zeit vor 1933 brächte er dazu wichtige Erfahrungen mit. Doch Gottlob argumentierte dagegen. Er war überzeugt davon, dass die Arbeit der Entnazifizierung von jemandem erledigt werden müsse, der – wie er – die ganze Nazizeit einschließlich der Terrorinstrumente KZ und Überwachung mit erlitten habe. Die Arbeit sei zeitlich begrenzt und müsse so schnell als möglich durchgezogen werden. Gottlob war der Meinung, gerade im Interesse der kleinen Leute sei es dringend notwendig, dass jemand tatkräftig und rasch diese Aufgabe erledige. Dieses Amt sei für den Wiederaufbau der Demokratie viel wichtiger als jedes andere – auch das eines Arbeitsministers.

Und er war sich außerdem ganz sicher: So wie er jetzt für die Entnazifizierung eintrete, so werde er schon bald die Rehabilitation der betroffenen Menschen betreiben. Es gelte aber, die falsche Ideologie des Nationalsozialismus und des Militarismus auszurotten. Sein Standpunkt war: »... daß die Denazifizierung zunächst abgeschlossen werden muß, bevor man an die Demokratisierung des deutschen Volkes überhaupt herangehen kann«, wie er einmal vor dem Landtag sagte. Nein, von seinem Entschluss, den angebotenen Ministerposten anzunehmen, wollte sich Gottlob Kamm nicht abbringen lassen. Einen Dickschädel hatte er schließlich schon immer gehabt.

Philipp Palm erinnerte sich: »Gottlob Kamm war ein Naturpolitiker und konnte Menschen gut einschätzen. Ohne Hass ging er an seine Aufgabe. Er war überhaupt nicht nachtragend. Einmal traf er einen alten Parteigenossen wieder, der in der SPD einst wichtige Parteiämter inne hatte, dann aber zur NSDAP übergelaufen war. Zufällig war er am

Haus der Kamms vorbei gegangen, als der Gottlob verhaftet und ins KZ gebracht worden war. ›Holen Sie den roten Lumpen endgültig ab‹, hatte er gerufen, um sich ins rechte Licht zu rücken. Der Gottlob hatte das natürlich mitbekommen, doch er verlor darüber kein Wort, als er den Mann nach 1945 wieder sah.«

Gottlob Kamm war sich weitgehend darüber im Klaren, was auf ihn zukam. Auf einer Tagung in Endersbach meinte er einmal, »daß ich am Ende dieser Arbeit völlig ergraut sein werde«. Es war zweifellos großer Idealismus gefragt, um mit der Fülle von Problemen fertig zu werden. Gottlob Kamm legte aber Wert darauf, die Zeit nach den verlorenen Kriegen 1918 und 1945 nicht miteinander zu vergleichen: 1918 waren die Sieger nicht nach Deutschland selbst gekommen und es war möglich, sofort eine eigene Verwaltung aufzubauen. 1945 jedoch war der Verwaltungsapparat durch das Eingreifen der Besatzungsmacht so gut wie stillgelegt. »Manchmal mußte Tag und Nacht gearbeitet werden, um die organisatorischen und technischen Voraussetzungen zu schaffen, die heute nun vorhanden sind«, erinnerte sich Gottlob Kamm später.

Die politischen Voraussetzungen waren alles andere als günstig. Als Gottlob Kamm sein Amt übernahm, waren die amerikanischen Besatzer selbst an der Aufgabe bereits gescheitert. In einem zunächst als geheim eingestuften Bericht des »Denazification Policy Board« vom 15. Januar 1946 heißt es: »Die gegenwärtige Verfahrensweise schlägt in der Praxis fehl, eine bedeutende Anzahl an Personen zu erfassen, die die Nazis unterstützten oder ihnen halfen – sowohl bei ihrem Aufstieg zur Macht als auch bei der Durchführung ihrer Programme.« Zugleich hatten die Amerikaner viel Porzellan zerschlagen. Unter solchen Umständen gehörte viel Mut dazu, einen zweiten Anlauf zur Entnazifizierung zu nehmen.

Dass Kamm diese Aufgabe übernahm, war auch unter seinen Freunden in der SPD umstritten. Willy Brandt sprach später einmal von einer notwendigen »politischen Entlausung«. Die Praxis wirkte auf ihn aber wie ein »bürokratischer Hexenprozess«[3]. Später erinnerte sich Gottlob Kamm: »Meine Freunde haben damals gesagt, die Übernahme dieses Amtes durch mich bedeute eine große politische Belastung für die Partei. Sie sind auch heute noch der Auffassung, daß es besser gewesen wäre, diesen Posten hätte ein anderer und nicht ich von der sozialistischen Partei inne.«

Doch Gottlob Kamm war überzeugt von der Notwendigkeit der Aufgabe: »Bei der Entnazifizierung geht es nicht um parteipolitische Dinge, sondern es geht darum, staatspolitische Aufgaben zu erfüllen.« Er wollte beweisen, »daß durch eine sachliche und korrekte Arbeit ein Neuaufbau am Deutschen Staate vorgenommen wird, der den Militarismus und Nationalsozialismus überwindet«, wie er immer wieder betonte.

Wer dabei allerdings Hass mit Hass vergelten wolle, der sei für diesen Aufbau nicht geeignet. Gottlob Kamm wollte Frieden durch Vertrauen von Deutschlands ehemaligen Gegnern – er lag damit ganz auf der Linie der offiziellen Politik der amerikanischen Militärverwaltung. In einem Refe-

3 Peter Merseburger, Willy Brandt 1913–1992 – Visionär und Realist, Stuttgart/München 2002, S. 227.

rat, das er am 12. September 1946 in Stuttgart-Wangen hielt, fasste er seine Gedanken zusammen:

»Aus dem gegenseitigen Vertrauen entsteht dann ganz von selbst die Atmosphäre des Friedens. Das ist eine andere Politik als die Friedrich des Großen oder die Bismarcks, von Männern, die lange unsere Vorbilder waren. Sie sind immer noch geniale Deutsche und haben ihrer Zeit Genüge getan. Wir sollen von ihnen lernen, aber nicht nur, was sie gut, sondern auch, was sie schlecht gemacht haben. Heute brauchen wir andere Vorbilder. Blicken wir auf Staatsmänner wie Freiherr von Stein oder Wilhelm von Humboldt, auf Roosevelt und Gandhi: Männer des Friedens und der Freiheit. Politik ist die Arbeit für den Frieden. Wir müssen sie in unseren Herzen beginnen und im größeren Vaterland zur Wirkung bringen ... Aus der Arbeit für den Frieden erwächst uns das Recht zur Freiheit.«

Selbstverständlich erhielt Gottlob Kamm von seiner Familie volle Unterstützung für seine Aufgabe – trotz anfänglicher Zweifel. Seine Frau Rosa, die das Lebensmittelgeschäft in Bad Cannstatt weiterführte, als ihr Mann Minister wurde, hielt ihm in allen Dingen zu Hause den Rücken frei und kümmerte sich um die Finanzen. Von solchen Dingen wollte Gottlob nichts mehr wissen – er hatte nicht einmal für das Konto, auf das sein Ministergehalt einging, eine Zeichnungsberechtigung. Rosa wurde ebenfalls wieder politisch aktiv, als Stadträtin in Schorndorf und als Kreisrätin im Kreis Waiblingen. Die Eheleute Kamm gehörten 1946 auch zu den 100 Volksvertretern in der Verfassunggebenden Landesversammlung Württemberg-Baden. Rosa Kamm leitete für einige Jahre die Arbeiterwohlfahrt in Schorndorf und engagierte sich beim örtlichen Sport- und Kulturverein (SKV). Mehr als 20 Jahre lang war sie dort verantwortlich für die Kasse und führte als Trainerin beim Fußball die A-Jugend zur Kreismeisterschaft.

Weitgehend einig sah sich Gottlob Kamm außerdem mit seinem alten Freund Kurt Schumacher, mit dem er harte Tage im KZ verbracht hatte, und der im Nachkriegsdeutschland die Sozialdemokratische Partei maßgeblich wieder aufbaute. Für Schumacher war die deutsche Nation eine Solidaritätsgemeinschaft, leidenschaftlich verwarf er die »Kollektivschuld« und setzte sich dafür ein, alle Deutschen unter 30 Jahren vom Verfahren der Entnazifizierung auszunehmen. Natürlich führte Kurt Schumacher bei der ersten Gelegenheit der Weg auch wieder zu den Kamms nach Schorndorf. Es war ein trauriges Wiedersehen. Schumachers erste Frage galt der Oma Emma Baumhauer, die sich einst so fürsorglich um seine Wäsche gekümmert hatte. Er musste erfahren, dass diese 1944 an einer heimtückischen Krankheit gestorben war. Kurt Schumacher war erschüttert, Tränen liefen bei dieser Nachricht über sein Gesicht.

Der Sohn Bertold wurde – nachdem er im November 1946 aus britischer Kriegsgefangenschaft heimgekehrt war – schnell eingespannt, um Gottlob Kamm als Fahrer zu Sitzungen und Versammlungen zu bringen. Auf diese Weise konnte der angestellte Fahrer die Freizeit in Anspruch nehmen, die ihm zustand, und der Minister blieb trotz seines Holzbeins mobil. Sein Sohn Bertold bekam dadurch viel von der politischen Arbeit seines Vaters mit – es waren wichtige Lehrjahre, die sich später in seiner eigenen Karriere auszahlten.

Widerstände gegen die Entnazifizierung kamen aus allen Teilen der Bevölkerung. Zur mangelnden Unterstützung der dazu eingeführten Spruchkammern stellte die »Public Safety Branch« der amerikanischen Militärbehörde in einem Dossier vom 30. Dezember 1946 fest: »Der durchschnittliche Deutsche ist unwillig, die Bedeutung der Spruchkammerprozesse anzuerkennen, er hält andere Dinge wie den wirtschaftlichen Wiederaufbau für wichtiger und zieht es vor, die politische Schuld Deutschlands zu vergessen.« Widerstand gab es gleichfalls quer durch alle Parteien. Bei einer Sitzung des Entnazifizierungsausschusses beim Länderrat am 8. Juli 1947 in Stuttgart klagte Gottlob Kamm:

»Ein neues Problem ist durch die politischen Parteien entstanden. Ich habe schon immer darauf hingewiesen, daß es richtiger gewesen wäre, die politischen Parteien erst nach der Durchführung der Entnazifizierung zuzulassen. In Württemberg-Baden ist es die CDU, die in Wort und Schrift gegen die Entnazifizierung auftritt, in Hessen sind es wiederum die Kommunisten, die Schwierigkeiten machen und auch Bayern hat seine Schwierigkeiten ... Es fehlt allgemein am Verständnis der Öffentlichkeit, insbesondere auch bei den politischen Parteien.«

Ein Beispiel für die zunehmende politische Polemik gegen die Entnazifizierung lieferte nur wenig später die CDU-Landtagsabgeordnete Dr. Maria Fritzle. Vor dem Landesparlament meinte sie am 4. August 1947:

»Ich stehe auf dem Standpunkt, daß die Entnazifizierung uns jetzt genügend Zeit und Kraft und Büroräume und Maschinen und Papier und menschliche Arbeitskraft gekostet hat und uns von dem, was uns eigentlich nottut, vom Wiederaufbau und der Wiedererrichtung von produktiven Arbeitsstätten abgehalten hat. Wir sollten unter uns alles Herumstöbern in der Vergangenheit einmal beenden und an die Besatzungsmächte die Bitte herantragen, daß wir mit der bisherigen Entnazifizierung Schluß machen, die echten Verbrecher den Strafgerichten überweisen und wirklich mit vollen Händen und mit aller Energie den Aufbau angreifen dürfen.«

Mehr »Propaganda« für die Ziele der Entnazifizierung hätten sich die amerikanischen Besatzer von den Medien gewünscht. In einem Aktenvermerk der Militärverwaltung vom 29. Mai 1947 ist hierzu zu lesen:

»Sowohl die Lizenzpresse als auch die offene Presse richteten alle Bemühungen darauf, das deutsche Entnazifizierungsgesetz zu veröffentlichen und Kooperation und Ansehen für die Mitglieder der Spruchkammern herzustellen. Dies war eine stetige und beständige Kampagne auf der Seite der Presse – aber ihr Erfolg wurde eingeschränkt durch mangelnde Kooperation auf der Seite vieler deutscher Offizieller. Dieser Mangel an Kooperation mit der deutschen Presse war besonders in Hessen und Württemberg-Baden spürbar. Ministerpräsidenten ebenso wie niedrigeren Beamten gebührt gleichermaßen die Schuld ... Ministerpräsidenten, die Minister für die politische Befreiung und andere deutsche Offizielle werden angewiesen, voll mit der deutschen Presse und dem Rundfunk zu kooperieren, um ein Bildungsprogramm umzusetzen, das den Zusammenhang zwischen dem Entnazifizierungsgesetz und der Entwicklung demokratischer Verhältnisse in Deutschland aufzeigen und dem Dienst der öffentlichen Ankläger und der Mitglieder der Gerichte zur Popularität verhelfen will.«

Gottlob Kamm musste also viel Überzeugungsarbeit leisten. An einem kalten Novemberabend 1946 hatten ihn die Stuttgarter Genossen eingeladen, um ihm einmal ordentlich die Meinung darüber zu sagen, was sie von seiner Art der Entnazifizierung in Württemberg-Baden hielten. Der Minister ließ sich von Sohn Bertold fahren. Der Versammlungssaal in der Gaststätte war mit rund 600 Teilnehmern völlig überfüllt. Beim Betreten des Raumes empfing beide ein Pfeifkonzert und Zurufe wie »Nazihelfer«, »Schwein« und andere gehässige Ausdrücke, wie sie Vater und Sohn bei SPD-internen Veranstaltungen zuvor noch nicht gehört hatten. Schließlich konnte Gottlob Kamm das Wort ergreifen. Er erzählte zunächst seinen Werdegang, von seinen schweren Kriegsverletzungen und wie er schon früh den Weg zur SPD gefunden hatte. Im Saal war es mucksmäuschenstill geworden und einige der Genossen applaudierten zaghaft bei der Erzählung. Schließlich ging Gottlob Kamm auf seine gegenwärtige Aufgabe ein. Ausführlich zeigte er die Differenzen mit der Besatzungsmacht auf. Er vertrat seine Auffassung, dass eine Demokratie nicht gegen eine Mehrheit des Volkes durchsetzbar sei, und stellte diese schwere Aufgabe im Einzelnen dar. Im Gegensatz zu Frankreich sei die Demokratie in Deutschland nicht aus dem Volk erwachsen, sondern dank der Befreiung durch ausländische Mächte. In dieser Situation gelte es das Beste für das Volk daraus zu machen. Nach der mehr als einstündigen Rede hatte sich die Stimmung im Saal gedreht. Minutenlanger Beifall zeigte dem Minister, dass seine Überzeugungsarbeit Früchte trug.

Gottlob Kamm ahnte nicht, dass er in seiner politischen Funktion sogar sein Leben riskierte. Sein Name stand auf einer Liste von Personen, gegen die eine nationalsozialistische Untergrundgruppe Anschläge plante. Treibende Kraft der etwa zehnköpfigen Bande war ein Mann namens Kabus. Der Tag des Attentats war festgesetzt auf Samstag, den 16. November 1946. Der Plan war simpel: Wenn der Minister nach Hause kam, sollte kurz darauf einer der Attentäter an der Haustüre klingeln. Sobald der Minister öffnete, wollte man ihn mit einem Maschinengewehr und mit Granaten in der Hand zwingen, mitzukommen – irgendwohin in den Wald. Dort sollte ein »Femegericht« gegen den Entführten abgehalten werden, denn Gottlob Kamm war in den Augen der Gruppe »ein Schwein, weil er in der Entnazifizierung arbeitete«, wie es später in den Vernehmungsprotokollen hieß. Ein Beteiligter sagte bei der Verhandlung vor dem Militärgericht Anfang Januar 1947 aus: »Kabus erklärte, sobald er Kamm zu Gesicht bekommen würde, würde er ihn umlegen.«

Zusammen mit seinen Kumpanen fuhr Kabus also wenige Tage vor dem genannten Datum von Stuttgart nach Schorndorf, um die Wohnung des Ministers auszuspähen. Auf dem Postamt erfuhren sie seine Adresse, dreimal gingen die Attentäter um das Haus herum. Doch bei einem geheimen Treffen am Vorabend des geplanten Anschlags in der Wohnung eines gewissen Ostertag musste die Gruppe feststellen, dass die Granaten nicht einsatzfähig waren. So wurde der Termin auf den 20. November verschoben. Am 19. November wurde die Gruppe jedoch verhaftet.

So entging Gottlob Kamm dem feigen Anschlag – ebenso wie zwei Öffentliche Kläger mit Namen Neudeck und Speidel, die gleichfalls auf der Liste der Attentäter standen. Die Festnahmen waren den erfolgreichen Ermittlungen nach einem Bombenanschlag gegen die Spruchkammer in Backnang am 19. Oktober zu verdanken, der bereits auf das Konto der Gruppe ging. Andere Spruchkammern waren bereits ebenfalls für Anschläge ausgespäht worden: Ludwigsburg, Leonberg, Böblingen und Esslingen. Für die Nazis waren die Spruchkammern ein »Schandfleck in unserer Geschichte«, wie es auf beschlagnahmten Flugblättern stand. Bomben gegen Fahrzeuge der Amerikaner waren ebenfalls vorbereitet. Mit den benötigten Zündern versorgte sich die Gruppe aus den Resten eines früheren Munitionslagers, das nach dem Ende des Krieges gesprengt, aber danach nicht gründlich genug ausgeräumt worden war.

Therapie für den Patienten Deutschland

– Die Besatzungsmacht ohne Konzept

»Die Ideologie des Nationalsozialismus war ein Pest-Bazillus, der uns und andere Völker infizierte. Die Krankheit ist gebrochen, die Gefahr der Ansteckung besteht weiter. Wie bei der Pest nicht nur der Kranke, sondern auch Gesunde, die mit ihnen in Berührung waren, abgesondert werden, bis klar ist, daß bei Letzteren keine Infektion stattfand, so werden jetzt bei uns die ehemaligen Parteigenossen, Aktivisten oder nicht, erst einmal isoliert. Wer während dieser Isolierung die Härte mit sich bringt und meint, der Nationalsozialismus habe doch Recht gehabt, auf jeden Fall habe sich nichts gebessert, der ist infiziert, der ist krank. Wer aber in Geduld dem Tag seiner Rehabilitierung entgegen sieht, die Arbeit verrichtet, die ihm geboten wird, der ist gesund, ist kein Nationalsozialist, auch wenn er Parteigenosse war.«

Diese Gedanken äußerte Gottlob Kamm in einem Referat, das er am 12. September 1946 in Stuttgart-Wangen hielt. Sechs Tage zuvor hatte der amerikanische Außenminister James F. Byrnes in Stuttgart eine Grundsatzrede gehalten, die die Mehrzahl der Deutschen als »Rede der Hoffnung« verstand. Das Internationale Militärtribunal in Nürnberg beriet zu diesem Zeitpunkt gerade die Urteile im Prozess gegen die Hauptkriegsverbrecher. Mit den Botschaften der Rede des Außenministers konnte sich der Sozialdemokrat Gottlob Kamm voll und ganz identifizieren.

Byrnes erklärte, dass dem deutschen Volk die Hauptverantwortung für die Behandlung seiner eigenen Angelegenheit übertragen werden und eine eigene, zentrale Regierung zurückgegeben werden sollte – mit einem Nationalrat, der den Auftrag zur Vorbereitung einer Bundesverfassung haben sollte. Eine »Schachfigur« oder »ein Teilnehmer in einem militärischen Machtkampf zwischen dem Osten und dem Westen« sollte Deutschland nicht werden. Als weiteres konkretes Ziel nannte der Außenminister die wirtschaftliche Vereinigung. Und er beklagte, dass die Durchführung der Potsdamer Beschlüsse dadurch behindert worden sei, »daß der Alliierte Kontrollrat nicht die notwendigen Maßnahmen getroffen hat, um es der deutschen Wirtschaft zu ermöglichen, als Wirtschaftseinheit zu arbeiten. Die notwendigen deutschen Zentralverwaltungskörper sind nicht geschaffen worden, obgleich die Potsdamer Beschlüsse sie ausdrücklich verlangten.«

Byrnes sprach es mit einfachen, verständlichen Worten aus: »Das amerikanische Volk will dem deutschen Volk helfen, seinen Weg zurückzufinden zu einem ehrenvollen Platz unter den freien und friedliebenden Nationen der Welt.« Eines Tages sollte Deutschland nach seinen Ausführungen einen achtbaren Platz unter den Mitgliedern der Vereinten

Nationen einnehmen. Was der amerikanische Außenminister an diesem Septembertag in Stuttgart weiter sagte, deckte sich voll und ganz mit Gottlob Kamms Überzeugung: Deutschland müsse »in die Lage versetzt werden, seine Fähigkeiten und Kräfte der Steigerung seiner industriellen Produktion dienstbar zu machen und für die zweckmäßigste Verwendung seiner Rohstoffe Sorge tragen zu können«.

Ganz wichtig war für Gottlob Kamm der folgende Satz: »Der Hauptzweck der militärischen Besetzung war und ist, Deutschland zu entmilitarisieren und entnazifizieren, nicht aber den Bestrebungen des deutschen Volkes hinsichtlich einer Wiederaufnahme seiner Friedenswirtschaft künstliche Schranken zu setzen.« Und: Die Vereinigten Staaten könnten Deutschland zwar die Leiden nicht abnehmen, die ihm der von seinen Führern angefangene Krieg zugefügt habe. Aber die Vereinigten Staaten hätten »nicht den Wunsch, diese Leiden zu vermehren oder dem deutschen Volk die Gelegenheit zu verweigern, sich aus diesen Nöten herauszuarbeiten, solange es menschliche Freiheit achtet und vom Wege des Friedens nicht abweicht.« An die anderen Siegermächte richtete sich die Ankündigung: »Wir werden uns gegen zu harte und von Rachsucht diktierte Maßnahmen wenden, die einem wirklichen Frieden im Wege stehen. Wir werden uns zu milden Maßnahmen widersetzen, welche zum Bruch des Friedens einladen.«

Bis zu dieser Positionsbeschreibung war es freilich ein langer Weg gewesen. Die West-Alliierten hatten erstmals auf der geheimen Konferenz von Casablanca vom 14. bis 26. Januar 1943 die Leitlinien formuliert: Neben der bedingungslosen Kapitulation Deutschlands war dort die »Ausrottung« und »Eliminierung« der nationalsozialistischen Ideologie gefordert worden. Entsprechend wurde in den Dokumenten der Konferenzen von Teheran (28. November bis 1. Dezember 1943) sowie von Jalta (4. bis 11. Februar 1945), wo auch die Entscheidung zur Teilung Deutschlands in vier Besatzungszonen fiel, der »unbeugsame Wille« festgeschrieben, »den deutschen Nationalsozialismus und Militarismus zu zerstören und dafür Sorge zu tragen, daß Deutschland nie wieder im Stande ist, den Weltfrieden zu stören«.

Auf der Potsdamer Konferenz der Siegermächte vom 17. Juli bis 2. August 1945 konkretisierten die Regierungschefs der USA (Harry S. Truman), der Sowjetunion (Josef W. Stalin) und Großbritanniens (Winston S. Churchill, gefolgt von Clement Richard Attlee) ihre Grundsätze für die Behandlung des besiegten Deutschland. Sie einigten sich auf eine umfassende Neuordnung der deutschen Wirtschaft und der deutschen Verwaltungseinrichtungen. In der am 2. August 1945 abgeschlossenen Übereinkunft hieß es:

»Es ist nicht die Absicht der Alliierten, das deutsche Volk zu vernichten oder zu versklaven. Die Alliierten wollen dem deutschen Volk die Möglichkeit geben, sein Leben auf einer demokratischen und friedlichen Grundlage von neuem wieder aufzubauen.«

Unter den »politischen Grundsätzen« wurde noch einmal das Ziel festgeschrieben:

»Die endgültige Umgestaltung des deutschen politischen Lebens auf demokratischer Grundlage und eine eventuelle friedliche Mitarbeit Deutschlands am internationalen Leben sind vorzubereiten.«

Intern – nämlich am 10. Mai 1945 – hatten die Amerikaner bereits zuvor Leitlinien für die Angestellten in der amerikanischen Administration erlassen, die eine andere Botschaft enthielten. Das Dokument ging mit der Bezeichnung JCS 1067 in die Geschichte ein – ein Grundsatzpapier der »Joint Chiefs of Staff«, nämlich der Chefs der Armee, der Marine und der Luftwaffe. Das Papier war auf die »Bestrafung« der Deutschen ausgerichtet und schrieb unter anderem ein Fraternisierungsverbot vor. Im Text hieß es:

»Deutschland wird nicht mit dem Zweck der Befreiung besetzt sondern als besiegte feindliche Nation. Ihr Ziel ist nicht die Unterdrückung, sondern die Besetzung Deutschlands zu dem Zweck, bestimmte wichtige Ziele der Alliierten zu realisieren. Bei der Durchführung Ihrer Besetzung und Verwaltung sollten Sie gerecht, aber hart und zurückhaltend sein. Sie werden strikt eine Fraternisierung mit deutschen Behördenvertretern und der Bevölkerung zu verhindern suchen.«

Dahinter verbargen sich Skepsis und Misstrauen. Das Fraternisierungsverbot untersagte den Soldaten jeden Privatkontakt zu den Deutschen, der vielleicht allzu viel menschliches Verständnis für die Situation der »einfachen Leute« im besetzten Land hätte fördern können. Nicht einmal Hände schütteln durften die amerikanischen Besatzer mit den Deutschen. Schon gar nicht waren ihnen Privatbesuche gestattet. Deutsche auf der Straße zu begleiten oder mit ihnen zu diskutieren war gleichfalls verboten. Mit dem Fraternisierungsverbot sollte auch gegenüber den sowjetischen Alliierten ein Zeichen gesetzt werden. Zunächst waren Bilder über die Verbrüderung zwischen deutschen

Familien und amerikanischen Soldaten ein Teil der Sieges-Propaganda gewesen. Sie sollten den Angehörigen der GIs auf der anderen Seite des Atlantik zeigen, wie herzlich ihre »Jungs« auf dem europäischen Schlachtfeld willkommen geheißen wurden. Doch diese Bilder werteten die Sowjets, die im Gegensatz zu den Amerikanern unter den brutalen Eroberungsfeldzügen der deutschen Wehrmacht unmittelbar gelitten hatten, als Provokation.

Aber Papier ist bekanntlich geduldig. Im Alltag waren die amerikanischen Besatzer auf eine praktische Zusammenarbeit mit den Menschen im unbekannten Land der »Krauts« angewiesen. Eine Hand wusch oft die andere. Die Familie Kamm erinnert sich noch heute, wie entsetzt und erschüttert der Vater Gottlob über manche Beziehungen war. Da gab es jenen Offizier der CIA, der sich von deutschen Nachbarn in Schorndorf seine Wohnung einrichten ließ – alle waren bekannte Nazi-Anhänger gewesen. Die Nachbarn hatten danach, als »Bezahlung« für ihre Dienste, sofort eine Arbeitserlaubnis bekommen.

Vor allem der US-Finanzminister Henry Morgenthau setzte sich dafür ein, das gesamte deutsche Volk für den Krieg zu bestrafen. Der Politiker sprach – wie die Mehrzahl der amerikanischen Politiker und Militärs – stets von »den Deutschen«, ohne sich um eine Differenzierung zu bemühen. So ignorierte er auch den antifaschistischen Widerstand, der – selten aktiv, aber doch oft passiv – in Teilen der Bevölkerung über die Jahre des NS-Regimes hinweg bestanden hatte.

Das besiegte Feindesland sollte – so Morgenthaus Vorstellung, die er am 2. August 1944 im so genannten

»Morgenthau-Plan« niederlegte – »am Rande des Hungers« gehalten und zu einem Agrarstaat umgewandelt werden, in dem einfache Volksschulen zur Ausbildung der Bevölkerung reichten. Präsident Franklin D. Roosevelt stimmte mit Morgenthau weitgehend überein. Peterson zitiert ihn: »Wir müssen mit Deutschland hart sein, und dabei meine ich das deutsche Volk und nicht nur die Nazis. Wir müssen entweder das deutsche Volk kastrieren, oder wir müssen es so behandeln, daß sie nicht Menschen reproduzieren, die den gleichen Weg wie in der Vergangenheit gehen wollen.« Im Rückblick meint der amerikanische Historiker: »Die Torheit von Morgenthaus Plan sollte hinreichend offensichtlich sein, sodaß ihn niemand als etwas anderes als einen Wahnsinn betrachten könnte, der aus dem anderen Wahnsinn des Krieges entsprang.« Diese »Torheit« stand ganz im Gegensatz zum späteren Marshall-Plan, den Peterson als ein »Juwel« in der Politik des einsetzenden Kalten Krieges bezeichnet.

Andererseits gab es durchaus Stimmen unter den Amerikanern, die sich gegen eine systematische Entnazifizierung in Deutschland aussprachen. Solche Personen wurden rasch kalt gestellt. Ein Beispiel betraf den Militärgouverneur des östlichen Militärdistrikts Bayern, den Panzergeneral und Kriegshelden George S. Patton, dessen Einheit beim Vorrücken der Amerikaner in Gottlob Kamms Heimatstadt Schorndorf Station gemacht hatte. Noch lebende ältere Bürger der Stadt haben keine allzu gute Erinnerung an Pattons Truppe: Die Soldaten besetzten Häuser, und mancher Schmuck und vor allem Kameras fielen als Beute in ihre Hände. In seiner späteren Position als Militärgouverneur wollte Patton in Vorahnung der späteren Auseinandersetzung mit der Sowjetmacht, die als Kalter Krieg die kommenden Jahrzehnte prägen sollte, Bayern gegenüber kommunistischen Einflüssen stärken und deshalb die deutschen Wehrmachtsverbände und Industrien intakt halten. Für einen riesigen Skandal sorgten Pattons Äußerungen auf einer Pressekonferenz in Bad Tölz, in denen er die interne Auseinandersetzung um die Entnazifizierung mit dem Wahlkampf zwischen Demokraten und Republikanern in seiner Heimat verglich. Patton wurde wenige Tage später abgesetzt, er starb kurz darauf bei einem mysteriösen Autounfall in Süddeutschland.

Die anfängliche »harte« Politik der Amerikaner wurde nach Roosevelts Tod am 12. April 1945 unter seinem Nachfolger Präsident Harry S. Truman schließlich verworfen. Es setzte sich in Amerika allmählich die Einsicht durch, dass ein dauerhafter Frieden in Deutschland nicht durch Hunger und Not gewährleistet werden könne, die vielleicht revolutionäre Bestrebungen gefördert hätten. So nahm eine neue, »konstruktive Deutschlandpolitik« ihren Anfang, die den Wiederaufbau des gesamten politischen, wirtschaftlichen und kulturellen Lebens sowie die freiwillige Demokratisierung zum Ziel hatte. General Clay brachte es einmal auf den Punkt: »Washington muß seine Denkweise über die Zerstörung des deutschen Kriegspotenzials revidieren ... wir müssen hier die Freiheit haben, die Industrie wieder zur Produktion zu bringen.« Aber noch immer saß in den Köpfen mancher hoher Offiziere vor Ort in Deutschland die Angst vor einem ominösen »Nach-Niederlage-Plan« des nationalsozialistischen Regimes tief *(siehe Exkurs Seite 236).*

Das »neue« politische Ziel war als eine Politik der »Reeducation« definiert. Das Beiwort »re« sollte dabei zum Ausdruck bringen, dass die Deutschen wieder zu einem »Normalverhalten« erzogen werden sollten, von dem sie sich zeitweise entfernt hatten. Aus der Sicht amerikanischer Psychologen bedeutete dies, den »psychisch kranken Patienten« Deutschland aktiv an seinem Heilungsprozess teilhaben zu lassen. Deutschland wurde in weiten Kreisen Washingtons als »neurotischer Krankheitsfall« verstanden – eine Ansicht, die auch in Deutschland Männer wie Gottlob Kamm aufgriffen.

Zum Verständnis der sehr widersprüchlichen amerikanischen Haltung gegenüber Nachkriegsdeutschland trägt der Blick in die Arbeitsergebnisse des »Institute on Re-education of the Axis Countries« bei, das eigens an der Universität in New York gegründet worden war. Die beteiligten Professoren unter dem Vorsitzenden T. C. Pollock gingen ebenfalls von einer Kollektivschuld aus und empfahlen, das besiegte Deutschland in »Bildungs-Provinzen« aufzuteilen, die völlig unabhängig von zentralen Einflüssen bestehen sollten. In der amerikanischen Militärverwaltung in Deutschland kursierte ein Bericht dieses Instituts, datiert vom 15. Juni 1945, in dem es einleitend hieß:

»In den Monaten, während denen wir uns trafen, haben uns die Dokumentarberichte über die Verbrechen und Brutalitäten der Deutschen, die durch neuerliche Berichte aus Todescamps und Folterkammern wieder bestätigt wurden, nicht nur tiefe Empörung und Scham über eine solche extreme Entartung menschlicher Natur empfinden lassen. Sie haben auch die vordringliche Bedeutung der Aufgabe einer Re-education Deutschlands deutlich gemacht.«

Der Bericht enthält reichlich skurrile Vorschläge. Aus den zerbombten deutschen Städten sollten alle Kinder aufs Land gebracht werden, denn »Epidemien und moralisches Chaos« seien für einige Jahre im besiegten Land zu erwarten. Vorgeschlagen wurde ferner die Einrichtung eines Ausschusses für Bildungsberater in den Ländern der unterlegenen Achsenmächte – er sollte »in den kommenden Jahrzehnten« tätig sein. Die Lehrer sollten Nicht-Deutsche oder aber solche Deutsche sein, die direkt unter der Tyrannei der Nazi-Diktatur gelitten hatten – oder Kriegsgefangene sowie übergelaufene Offiziere und Soldaten, die an der Front auf Seiten der Alliierten gekämpft hatten.

Tatsächlich gingen die Autoren davon aus, dass nur eine »Langzeit-Besetzung« des Landes dazu beitragen könne, den Deutschen eine »grundsätzliche Revision ihrer politischen Philosophie und Praxis« beizubringen. Die »re-education« der Deutschen sollte übrigens nicht in Deutschland selbst, sondern in den Nachbarstaaten beginnen. Denn der Bericht ging von der Annahme aus, dass viele erwachsene Deutsche auf Jahre hinaus damit beschäftigt sein würden, in den vom Krieg heimgesuchten und besetzten Nachbarländern die Schäden zu reparieren, die Deutschland verursacht hatte, und für den Wiederaufbau zu sorgen. Das sei eine Lektion, sei eine »erzieherische Maßnahme«, die »ein tiefes Gefühl der Beschämung« in den »deutschen Herzen« erwecken würde. Die Professoren aus New York waren der Meinung, es solle der Grundgedanke deutscher Erziehung »in der nächsten Generation« sein, »zu dienen, zu bewahren, zu reparieren, aufzubauen, zu erschaffen – innen wie außen, geistig wie materiell«. Zitat: »Sie müssen lernen, daß die derzeitigen Bedingungen in Deutschland die harte und bittere Konsequenz der deutschen Doktrin der ›Über-Rasse‹ sind. Es ist nicht genug damit getan, dass die Deutschen sehen, wie viele ihrer Städte in Ruinen liegen. Sie müssen erkennen, daß die Ruinen und ihr persönliches Mühsal das direkte Ergebnis der bewußt aggressiven Handlungen des deutschen Volkes sind.«

Die »re-education« bedeute nicht, ein ungebildetes oder unwissendes Volk zu unterrichten. Die Aufgabe bestünde eher darin, die Energien und Einstellungen eines hoch geschulten Volkes umzuleiten, das unter einer irreführenden Bildung litt. Der Nationalsozialismus sei ebenso wie das Preußentum kein »unvermeidlicher Auswuchs einer angeborenen schlechten deutschen Natur«. Der Bericht des Instituts schließt mit der Feststellung: »Der Prozess der Re-education Deutschlands ist eine Angelegenheit von höchster Bedeutung für die ganze zivilisierte Welt. Sein Erfolg oder sein Misserfolg wird direkten Einfluss auf den Versuch haben, Frieden und Einheit in der Welt zu erlangen – und damit für unser Leben und das unserer Kinder.« Die Verfasser konnten sicherlich nicht wissen, dass die Bedrohung des Friedens in den nächsten Jahrzehnten – während des Kalten Krieges – von den Hardlinern des Militarismus in ihrem eigenen Land und in der Sowjetunion ausgehen sollte.

Amerikanische Historiker wie Edward N. Peterson haben klar herausgearbeitet, dass es der amerikanischen Besatzungsmacht letztlich an einer klaren Politik gegenüber

Deutschland fehlte. Peterson spricht von »Washingtons Kampf um eine Deutschland-Politik«, und er stellt Inkompetenz und Konflikte innerhalb der militärischen Bürokratie in Washington und Berlin fest.[4] Der amerikanische Militärhistoriker Earl F. Ziemke[5] kommt in seiner Analyse ebenfalls zum Ergebnis, dass die amerikanischen Behörden in Deutschland keine hinreichende Zielsetzung hatten. Es sei ferner fatal gewesen, dass mit der Präsenz der Besatzer kein Versprechen auf eine Zukunft, sondern nur Kummer assoziiert werden konnte. Ziemke streicht außerdem heraus, dass die zivile Verwaltung für den US-Militärapparat eine ganz neue Aufgabe war, von der dieser letztlich überfordert sein musste. Schließlich waren die Soldaten aus allen Schichten der Bevölkerung rekrutiert worden – sie hatten vor Beginn des Militärdienstes vielleicht als Arbeiter, vielleicht als Farmer und als Polizisten ihren Lebensunterhalt verdient oder als Absolventen der angesehenen Harvard-Universität wissenschaftliche Arbeiten geleistet. Damit waren sie noch lange nicht zur Erfüllung administrativer Tätigkeiten befähigt.

Trotzdem gingen nun zunächst die Siegermächte selbst an die Aufgabe der Entnazifizierung. Zu den ersten praktischen Maßnahmen zählte die Umbenennung aller Straßen und Plätze, aller Parkanlagen, öffentlichen Einrichtungen, Gebäude und Industrieanlagen, deren Namen sich mit na-

4 Edward N. Peterson, The American occupation of Germany—retreat to victory, Detroit 1977, S. 7.

5 Earl F. Ziemke, The U. S. Army in the occupation of Germany 1944–1946, Washington 1990.

tionalsozialistischen Persönlichkeiten oder nationalsozialistischen sowie militaristischen Symbolen verbanden. Der entsprechende Erlass der US-Militärregierung datiert vom 23. Juli 1945. Doch das war nur eine Äußerlichkeit. Danach kamen die Menschen an die Reihe.

Rund zwei Millionen Personen standen auf der Liste der so genannten »War Crimes Commission«. Einsatzkommandos der Militärpolizei durchkämmten die Städte und verhafteten massenhaft Verdächtige allein auf der Grundlage von Listen, auf denen 99 verschiedene Personengruppen verzeichnet waren. In weiten Kreisen der Bevölkerung machte die Parole von der »American Gestapo« die Runde. Insgesamt wurden im ersten Jahr der Besatzung in der US-Zone 95 250 Deutsche verhaftet, im gesamten Gebiet des ehemaligen Deutschen Reiches waren es rund eine halbe Million. Der britische Außenminister Anthony Eden stellte fest: »Die größte Menschenjagd der Geschichte findet zwischen Norwegen und den Bayerischen Alpen statt.« Auf einen Schlag wurde zum Beispiel die Hälfte der Bank-Beamtenschaft – rund 25 000 Personen an der Zahl – zwangsweise von ihren Arbeitsplätzen verjagt.

Grundlage war das Gesetz Nr. 8 der Militärregierung mit der Überschrift: »Verbot der Beschäftigung von Mitgliedern der NSDAP in geschäftlichen Unternehmen und für andere Zwecke, mit Ausnahme der Beschäftigung als gewöhnliche Arbeiter«. Das »zwecks verstärkter Ausschaltung des Einflusses der nationalsozialistischen Weltanschauung in Deutschland« erlassene Gesetz trat am 26. September 1945 in Kraft. In der Ausführungsverordnung Nr. 1 wurde der Begriff der »geschäftlichen Unternehmen« definiert. Er umfasste: Einzelpersonen, Gesellschaften, Vereinigungen, Körperschaften und andere Organisationen im Handel, in der Industrie und in anderen Bereichen einschließlich der öffentlichen Wohlfahrt. Spätestens bis zum 20. Oktober 1945 waren von den Betrieben und Behörden die Listen einzureichen, »in der alle Arbeitnehmer aufzuführen sind, die anders als in gewöhnlicher Arbeit beschäftigt sind«. Bei jedem einzelnen Mitarbeiter war anzugeben, »ob er in seiner Stellung behalten oder von seiner Stellung entfernt worden ist, ob er der NSDAP oder einer ihr angeschlossenen Organisationen angehört und, im bejahenden Falle, welche Stellung er darin bekleidet oder wie er sich darin betätigt hat«.

Besonders stark betroffen waren die Arbeitsämter. Ende Mai 1947 gab die US-Militärbehörde bekannt, dass 43 Prozent der Angestellten in diesen Ämtern in der US-Zone – insgesamt 4062 Personen – politisch belastet gewesen und aus dem Dienst entlassen worden waren. In der Gruppe der Führungsbeamten (des Höheren und Gehobenen Dienstes) lag die Quote bedeutend höher: bei 85,3 Prozent in Württemberg-Baden, 84,7 Prozent in Bayern und 79,7 Prozent in Hessen. In einer Pressemitteilung der Militärbehörde vom 29. Mai 1947 hieß es:

»Viele der entlassenen Beamten waren von den Nazis bloß wegen ihrer politischen Verbindung eingestellt worden und hatten keine nützliche Funktion ausgeübt. Es gab jedoch auch Nazi-Beschäftigte mit jahrelanger Erfahrung in der technischen Arbeit der Arbeitsämter. Ein Ersatz für die letzteren Angestellten stellte eines der größten Anfangsprobleme dar. Mit dem Fortschreiten des Entnazifizierungsprogramms wurden sie durch Männer und Frauen ersetzt, die gezeigt hatten, daß sie gegen die Nazis und begierig waren, beim demokratischen Wiederaufbau Deutschlands mitzuwirken. Vielen dieser neuen Beschäftigten mangelte es an Erfahrung, aber durch entsprechende Schulung haben sie inzwischen die notwendigen technischen Fähigkeiten erworben, sodaß sie nun die Besatzungspolitik der Alliierten mit einer solchen Energie umsetzen, dass ihr früherer Mangel an technischer Schulung mehr als ausgeglichen wird.«

Manches wäre einfacher gewesen und hätte weniger konfliktreich verlaufen können – wenn die amerikanischen Besatzungstruppen nicht einen Großteil der Beweise selbst vernichtet hätten. Ein Bericht der amerikanischen Militärverwaltung in Württemberg-Baden stellte noch am 7. Januar 1948 über die Suche nach Dokumenten über die NSDAP und andere Nazi-Organisationen fest: »Der Zustand war teilweise auf einen Mangel an Verständnis über die Bedeutung solchen Materials bei Ermittlungen in der Frühzeit und bei nachfolgenden Untersuchungen zurückzuführen. Eine große Masse an belastendem Beweismaterial war von Nazibeamten und -wächtern vernichtet worden, um zu verhindern, daß dieses den vorrückenden alliierten Truppen in die Hände fiel. Viele Dokumente wurden aber auch von den besetzenden Truppen zerstört, die den möglichen Wert nicht erkannten. Eine große Menge wurde als Altpapier behandelt und zu Papiermühlen gebracht im Austausch für Papier, das benutzt werden konnte. Frühere Bemühungen wurden zwar unternommen, um Aufzeichnungen zu suchen, aber erst Anfang Juli (die Rede ist vom Juli 1947) liefen konzertierte Anstrengungen an.«

Eine Schlüsselrolle für die Zukunft Deutschlands übernahm schließlich der Militärgouverneur der amerikanischen Besatzungszone, General Lucius D. Clay (1897 bis 1978). Dieser amtierte seit 1945 als Stellvertreter des US-Oberkommandierenden für Europa und Deutschland, General Dwight D. Eisenhower, und hatte die Grundsatzrede des amerikanischen Außenministers Byrnes am 6. September 1946 in Stuttgart entworfen. Er folgte Eisenhowers Nachfolger General Joseph McNarney zwischen 1947 und 1949 als US-Oberkommandierender in Europa und Militärgouverneur in der amerikanischen Besatzungszone Deutschlands. Mit ihm verbindet sich die Initiative zur Luftbrücke während der Berliner Blockade. Als verantwortlichen Mann für die Entnazifizierung setzte Clay den Professor Walter Dorn ein. Dessen Fachgebiet war die Kunstgeschichte, und so fand Gottlob Kamm in den kommenden Monaten immer wieder Anlässe, an seiner Kompetenz bei der politischen Säuberung in Deutschland zu zweifeln. »Es wäre besser gewesen, der Dorn wäre bei seiner Kunstgeschichte geblieben«, war eine seiner wiederkehrenden Feststellungen.

Besser als jede akademische Geschichtsreflexion beschreibt die Regierungserklärung des Ministerpräsidenten Dr. Reinhold Maier vom 14. November 1946 bei den Verhandlungen der Verfassunggebenden Landesversammlung für Württemberg-Baden im Festsaal des Furtbachhauses in Stuttgart die Situation in jener Zeit:

»Vier Dinge stehen im vordersten Glied der Sorgenreihen: die Denazifikation, die Ernährung, die Flüchtlinge und der Frieden, der nicht kommen will ... Als die alliierten Truppen Deutschland besetzten und die Verwaltung unseres Landes an die amerikanische Militärregierung überging, nahm diese sofort die politische Säuberung in die Hand, und zwar zunächst die der Beamten und Angestellten der öffentlichen Verwaltung. Jedes Parteimitglied vor 1933 und ferner jedes Parteimitglied nach 1933, das ein gehobenes Amt inne hatte, waren zu entlassen, ein zwar nicht individuelles Verfahren, aber ein Verfahren nach einer Faustregel, mit der sich für den Anfang arbeiten ließ.

Nach sechs Wochen wurden die Bestimmungen verschärft: Jeder Parteigenosse ohne Rücksicht auf Eintrittsdatum, ohne Rücksicht auf das Amt in der NSDAP verfiel ausnahmslos der Entlassung: Reinigung der Ämter bis herunter zum letzten Schreibfräulein und zum letzten Hausdiener. Schon hier schieden sich grundsätzlich die Auffassungen des militärischen Befehls und der geschlossenen Meinung des deutschen Volkes, das den Begriff des strafwürdigen Nazis bedeutend enger zog, als dies die Besatzungsmacht tat. Das Rechtsgefühl der Deutschen, welche sich frei vom Nationalsozialismus gehalten hatten, und die Auffassung der Besatzungsmacht fielen noch mehr auseinander, als die letztere dazu überging, Nichtparteigenossen, Beamte, die zwölf Jahre den Eintritt in die Partei konsequent abgelehnt hatten, zu entlassen, weil sie entweder ein hohes Staatsamt bekleidet hatten oder befördert worden waren.«

Das Unterfangen der amerikanischen Verwaltung, die Entnazifizierung selbst in die Hand zu nehmen, war unter den gegebenen Umständen von vornherein zum Scheitern verurteilt. »Die Denazifizierung erschien anfangs einfach, aber sie erwies sich als sehr kompliziert«, schreibt Peterson. Denn wie sollten die amerikanischen Verantwortlichen wirklich unterscheiden können, wer sich in dem fremden Land schuldig gemacht hatte, und wer nicht? Die Hauptkriegsverbrecher waren identifiziert und standen in Nürnberg vor Gericht – doch was war mit dem Rest der Deutschen, die noch im Land geblieben und nicht ins Exil geflohen waren? So entschied die Militärregierung, dass das deutsche Volk »die Verantwortung für die Befreiung von Nationalsozialismus und Militarismus auf allen Gebieten mit übernehmen kann«, wie es in den Quellen wiederholt heißt. Am 12. Januar 1946 stellte der Alliierte Kontrollrat für ganz Deutschland entsprechende Richtlinien auf, die für die deutschen Regierungen und für das deutsche Volk verbindlich sein sollten.

Es war alles andere als eine Erfolgsbilanz, die das »Denazification Policy Board« der amerikanischen Verwaltung in einem (zunächst geheim eingestuften) Evaluierungsbericht vom 15. Januar 1946 selber zog – das Dokument war eher eine Bankrotterklärung. Der Fehlschlag, bei der »gegenwärtigen Verfahrensweise« all jene Personen zu erfassen, die die Nazis unterstützten oder ihnen bei ihrem Aufstieg zur Macht geholfen und sie bei der Durchführung ihrer Programme unterstützt hatten, wurde allerdings kaschiert durch die Feststellung, dass dieses Verfahren nur eine Übergangspolitik für die Anfangsphase der Besetzung habe sein können. Acht Monate nach Beginn der Besetzung sei nun »die Zeit reif, ein langfristiges Entnazifizierungs-Programm zu entwerfen«, schrieben die Mitglieder des Ausschusses unter dem Vorsitz des Juristen Charles Fahy. Dabei wurde es nun zum Leitgedanken, »so viel Verantwortung wie möglich« auf deutsche Dienststellen zu übertragen – wenn auch weiterhin unter einer »wirksamen Überwachung« und der politischen Anleitung durch die Militärregierung. Die Einsetzung von gesonderten Ministern für Entnazifizierung mit einem »ausreichenden Stab« und »Entnazifizierungs-Gerichten« in jedem Landkreis gehörte mit zu den konkreten Empfehlungen.

Das Dokument ist reichlich widersprüchlich, denn neben der Feststellung des Scheiterns eigener Bemühungen rechtfertigt es die Übertragung der Verantwortung in deutsche Hände damit, dass die deutsche Öffentlichkeit von der Kontrolle der Nazis »weitgehend befreit« sei. Beklagt wurde die ungenügende aktive deutsche Beteiligung bei der Entnazifizierung. In der Analyse heißt es:

»Unser Handeln erscheint den Deutschen oft als willkürlich und kapriziös und befremdet sogar jene, die die Entnazifizierung unterstützen. Da sie meist wissen, welches die einflussreichsten Handlanger der Nazis in ihrer Gemeinde waren, empfinden es die Deutschen als schwer verständlich, warum es zugelassen wird, daß manche von diesen flüchten können, während weniger aktive ›kleine Fische‹ von ihren Arbeitsplätzen verjagt werden.

Zu einem Großteil stammen die Fehler von unserem Vertrauen in verbindliche Kategorien. Als Außenstehende einer Gemeinde können wir in den Einzelfällen aber nicht zu vernünftigen Urteilen kommen ...«

Das Wissen der Deutschen versetze diese allein in die Lage, das Handeln von Einzelpersonen vor Ort zu bewerten, ohne sich allzu sehr auf rigide Kategorien stützen zu müssen. Darüber hinaus sei es »langfristig wichtig«, den Deutschen das Gefühl zu geben, dass sie an der Entfernung der Nazis Teil haben. Andererseits, so heißt es in dem Bericht, »könnten die Deutschen in ein paar Jahren geneigt sein, jene, die entnazifiziert wurden, zu Märtyrern zu machen«. An anderer Stelle heißt es: »Zum eigenen Schutz müssen wir die Nazis und Militaristen, ohne Rücksicht auf die Meinung der Deutschen, von der Kontrolle entfernen; aber wir müssen es vermeiden, eine große Masse Geächteter zu schaffen, die den Nährboden für Agitatoren und eine Quelle sozialer Unstabilität bilden.« Und weiter: »Wesentliche Elemente in Deutschland müssen überzeugt werden, daß unser Programm gerecht und zum Nutzen Deutschlands und der Welt ist.«

Der eigene Misserfolg wurde in dem Bericht mit der Feststellung begründet, dass einige der aktiven Helfer des Nazi-Regimes der Partei gar nicht beigetreten waren und daher nicht unter die formalen Kategorien der Belasteten fielen. Besonders gelte dies wahrscheinlich für Wirtschaftsführer, hieß es – ihr Einfluss sei tatsächlich viel größer als der von Parteimitgliedern gewesen. Der Rückgriff auf Kategorien von Ämtern, Positionen und die Mitgliedschaft in Organisationen treffe viele, die nicht wirklich aktive Unterstützer des Nazi-Regimes waren, »und führt zu willkürlichen Ergebnissen bezüglich der kleinen Fische«. Die gegenwärtige Vorgehensweise sei »nicht geeignet, dieses Ungleichgewicht zu korrigieren«.

Golo Mann[6] unterstellte allerdings den »Herren von den Besatzungsmächten«, sie seien schon zuvor in ihrem Willen zur Entnazifizierung »nicht ganz ehrlich« gewesen. Er schrieb:

»Sie selber fühlten sich sachlich angezogen von denen, die etwas konnten, fühlten sich menschlich von denen angezogen, die in intakten Häusern wohnten, gute Manieren zeigten, fremde Sprachen sprachen und den Kommunismus verabscheuten. Von der Oberschicht also, zumal der industriellen. Aber diese, mit oder ohne Parteibuch, war sehr tief in das Abenteuer des Dritten Reiches verwickelt gewesen. Sie hatte Hitlers Regime nicht gemacht, aber sie hatte es unterstützt und, soweit sie es unterstützte, keine Nachteile von ihm erfahren. – Im Resultat war es zufällig, ob man auf die Anklagebank geriet oder in ein vertrauliches Verhältnis zu den Militärregierungen.«

Um einen Leitfaden für die Entnazifizierung unter eigener deutscher Regie zu haben, wurde nun das »Gesetz Nr. 104 zur Befreiung von Nationalsozialismus und Militarismus« formuliert. Dazu bildete der Länderrat ein Komitee, dem von amerikanischer Seite Fritz Oppenheimer, Walter Dorn und Karl Löwenstein – alles Berater von General Clay – angehörten. Am 5. März 1946 unterzeichneten in München die Ministerpräsidenten in der amerikanischen Zone den Entwurf – aber dies geschah »ohne Enthusiasmus«, wie der amerikanische Militärhistoriker Earl F. Ziemke unterstellt. In einer kurzen Ansprache meinte der ameri-

6 Deutsche Geschichte des 19. und 20. Jahrhunderts, Frankfurt 1958, Seite 973.

kanische Militärgouverneur Lucius Clay, nun würden die Deutschen ein größeres Maß an Selbstregierung übernehmen. Und er fuhr fort: »Um erfolgreich zu sein, muß dieses Gesetz ohne Furcht und Gefälligkeiten von Männern durchgeführt werden, die sehen wollen, dass Recht getan wird im Interesse eines Volkes, das sehen will, daß Recht getan wird.«

Das Gesetz wurde im Regierungsblatt der Regierung Württemberg-Baden am 1. April 1946 veröffentlicht und damit dort wirksam. Die Verfahrensfehler, die die amerikanische Militärregierung selbst bei der Entnazifizierung beging, und die im Bericht des »Denazification Policy Board« vom 15. Januar 1946 beschrieben sind, wurden durch das Gesetz allerdings nicht wirklich beseitigt. Bei der Sitzung der Verfassunggebenden Landesversammlung am 14. November 1946 betonte Gottlob Kamm aber das »Verantwortungsbewusstsein«, »dass wir am Krankenbett des Deutschen denselben nicht selbst zu Tode quälen«. Er schloss seine Rede mit der Zuversicht:

»Es gibt Dinge, in denen wir zusammenarbeiten müssen, das sind nach meiner Auffassung die Ernährungs-, die Flüchtlingsfrage und die Entnazifizierung, und wenn hier alle zusammenarbeiten im Interesse des deutschen Volkes, dann bin ich der Überzeugung, werden wir den Kranken einmal wieder gesund machen können.«

In der ersten Hälfte des Jahres 1947 lockerte sich die amerikanische Haltung weiter. In der öffentlichen Meinung jenseits des Atlantik wurde der Hass auf die Deutschen ersetzt durch die Angst vor der Sowjetunion. Die am 12. März 1947 vor dem Kongress in Washington verkündete Truman-

Doktrin, die die Unterstützung aller freien Völker im Kampf gegen die kommunistische Unterjochung versprach, unterstellte ein neues Feindbild – ganz wie es Patton vorausgesehen hatte. Im August forderten Kongressmitglieder, die Deutschland besucht hatten, ein Ende der Entnazifizierung. Der Kalte Krieg warf seine Schatten voraus. Dabei erschien die Wahrscheinlichkeit, dass zahlreiche »belastete« Personen wieder in die Gesellschaft voll integriert werden könnten, aus amerikanischer Sicht das kleinere Übel zu sein.

Rechtsprechung notfalls im Akkord

– Der mühsame Aufbau der Spruchkammern

Gottlob Kamm schonte sich nicht. In gleichem Rhythmus verliefen Tag um Tag: Pünktlich um 7 Uhr früh holte ihn der Fahrer ab, der nur einen halben Kilometer entfernt in Schorndorf wohnte. Während der Dienststunden residierte der sozialdemokratische Minister in der Rotebühlstraße 79 in Stuttgart, erreichbar unter der Telefonnummer 6 91 42/43, Apparat 4923. Nach Hause kam er selten vor Mitternacht zurück. Entweder beschäftigten ihn am Abend noch dienstliche Angelegenheiten oder Veranstaltungen seiner Partei. Wenn Gottlob Kamm dann endlich daheim war, ging er meist schnurstracks zur Speisekammer und schnitt sich genüsslich eine Scheibe vom Backsteinkäs ab. Sein Leibgericht, Leberspätzle, gab es um Mitternacht eben leider nicht mehr.

In seinem Referat vor dem Länderrat am 10. September 1946 erinnerte sich Gottlob Kamm:

»Ich habe mir bei der Schwere der Aufgabe, die mir bevorstand, die Sache zunächst reiflich überlegt und ein Büro in Stuttgart dienstverpflichtet, das die wichtigsten Arbeiten auf diesem Gebiet für mich zu vollbringen hatte. Langsam aber sicher wurden dann das Ministerium und zugleich die Spruchkammern in Württemberg-Baden aufgebaut.«

In kürzester Zeit war ein völlig neuer Verwaltungsapparat einzurichten. Sehr bald musste Gottlob Kamm allerdings feststellen: Es »war überhaupt nichts vorhanden, während die beiden anderen Länder der amerikanischen Zone bereits seit längerer Zeit Ministerien hatten«, wie Kamm sich später erinnerte. Und das, »obwohl wir den Befehl von General Clay, daß die Entnazifizierung vor allem anderen zu fördern sei, hinter uns haben«. So gut wie alles musste neu beschafft werden – von der Schreibmaschine bis zu Bleistift und Papier.

Die konkrete Arbeitsgrundlage für seine Tätigkeit lieferte Gottlob Kamm das besagte Gesetz Nr. 104. Die Bevölkerung war demnach in fünf Gruppen unterteilt *(zu den Details siehe Seite 224–235)*: Hauptschuldige (Gruppe I), Belastete (Gruppe II), Minderbelastete (Gruppe III), Mitläufer (Gruppe IV) und »Entlastete« (Gruppe V). Formale Kriterien wie die Zugehörigkeit zur NSDAP, zu einer ihrer Gliederungen oder einer anderen nationalsozialistischen Organisation sollten für sich alleine noch »nicht entscheidend für den Grad der Verantwortlichkeit« sein. Der Name eines Bürgers in den Mitgliederlisten erschien zwar als wichtiger Beweis für die »Gesamthaltung«, doch dieses Kriterium sollte durch Gegenbeweise ganz oder teilweise entkräftet werden können. Umgekehrt sollte die »Nichtzugehörigkeit« nicht ausschlaggebend für den Ausschluss von der historischen Verantwortung sein.

Die Ermittlungen erforderten deshalb einen enormen Aufwand. Doch aus der Sicht Gottlob Kamms stand viel auf

Spruchkammereröffnung im Land (Gottlob Kamm stehend)

dem Spiel. Er sah den »Auftrag« der Militärregierung zur Entnazifizierung, und war überzeugt: »Je nachdem dieser Auftrag von uns aus- oder nicht ausgeführt wird, wird sich die Militärregierung verhalten. Sie wird dann diesen Auftrag, den sie an die Deutschen gegeben hat, wieder zurückziehen oder aber sie hat das Vertrauen zu uns, dass wir diesen Auftrag richtig ausführen und dann sind wir einen großen Schritt weiter gekommen, um unsere Oberhoheit in der Verwaltung und in der Regierung wieder zu erhalten.« In Württemberg-Baden jedenfalls, so Gottlob Kamms oft formulierte Sorge, dürfe »die Geschichte nicht scheitern«.

Die Zuordnung der Bürger in die einzelnen Gruppen und die Festsetzung der Sühne war die Aufgabe der Spruchkammern. Sie waren in den Stadt- und Landkreisen zu bilden. Für jede Kammer war ein Öffentlicher Kläger zu bestellen. Die Kammern bestanden aus einem Vorsitzenden mit der Befähigung zum Richteramt oder zum höheren Verwaltungsdienst sowie mindestens zwei Beisitzern, dic dreißig Jahre oder älter sein mussten und mit den örtlichen Verhältnissen ihres »Spruchbereichs« vertraut sein sollten. Unter den Beisitzern sollte möglichst ein Angehöriger aus der gleichen Berufsgruppe wie der des Angeklagten vertreten sein – oder zumindest der Vertreter einer »verwandten« Gruppe. Alle diese Amtspersonen waren vom Minister zu bestellen und zu vereidigen und unterstanden seiner Dienstaufsicht.

Der Artikel 28 des Gesetzes Nr. 104 bestimmte weiter: »Alle Personen, die mit der Durchführung dieses Gesetzes beauftragt werden, müssen als Gegner des Nationalsozialismus und Militarismus bekannt sein; sie müssen persönlich unbescholten und gerechtdenkend sein.« Angesichts solcher Vorgaben erwies es sich als fast unmöglich, ausreichend Personal für die Besetzung der einzelnen Positionen in den Kammern zu finden. Von einem »ausreichenden Stab«, wie ihn das »Denazification Policy Board« in seinem Evaluierungsbericht vom 15. Januar 1946 empfohlen hatte, konnte keine Rede sein.

Trotzdem öffnete eine Spruchkammer nach der anderen den Betrieb. Kamms Tochter Anneliese erinnert sich: Gerne ging sie mit dem Vater zur Einweihung einer Kammer, denn das Essen, das es bei der Gelegenheit dort gab, war immer hervorragend – wurde es doch von den Amerikanern gestellt. In seinem Referat vor dem Länderrat am 10. September 1946 konnte der Minister dann erste Erfolge melden:

»Bis Ende August standen aber 95 Kammern, in denen rund 1000 Personen angestellt waren. 975 Beisitzer sind in den Spruchkammern tätig. Sämtliche Spruchkammern in Württemberg-Baden sind in Tätigkeit, doch müssen dieselben weiter verstärkt werden, damit die Durchführung des Gesetzes sich raschestens vollzieht. Es muß damit gerechnet werden, daß durch jeden Monat, den wir uns weiter vom nationalsozialistischen Zusammenbruch entfernen, die Durchführung dieses Gesetzes erschwert wird.«

Der Minister forderte immer wieder, die Kammern weiter zu verstärken, um das Gesetz bis zum 31. Juli 1947 in Württemberg-Baden zu erfüllen. Das war für ihn lange Zeit hindurch ein festes Datum, an dem nicht gerüttelt werden sollte. Wegen der »ganz besonders dringenden Aufgaben der Spruchkammern und die dadurch bedingte Arbeitsüberlastung« verfügte Gottlob Kamm in einer Mitteilung mit der Nummer 28 sogar, dass Erholungsurlaub bis 31. März 1947 grundsätzlich gestrichen war. Und weil die Weihnachtsfeiertage 1947 mitten in die Woche fielen, ordnete der Minister an, dass am Samstag, den 20. Dezember, und ebenso am Sonntag, den 21. Dezember, gearbeitet werden sollte. Die zeitliche Beschränkung der Anstellung bremste bei vielen Mitarbeitern der Spruchkammern allerdings den Arbeitsfleiß. Viele fragten sich: Was soll anschließend aus mir werden?

Am 16. November 1946 musste Gottlob Kamm jedenfalls bei einer Arbeitstagung mit den Vorsitzenden der Spruchkammern und Öffentlichen Klägern in Endersbach berichten:

»Wir haben in unermüdlicher Arbeit eine Organisation geschaffen, die aus dem Boden gestampft werden mußte. Es war naturgemäß nicht so einfach, wie sich manche Leute das vorstellen, überhaupt die richtigen Leute für diese Arbeit zu finden. Es ist eine wirklich beschämende Tatsache, daß sich für diese Aufgabe Leute mit schneeweißem Fragebogen, die nur negative Kritik üben, in den meisten Fällen nicht zur Verfügung stellen. Es ist das Grundübel des deutschen Volkes, daß seine Kritik immer nur negativ und nie positiv ist.«

Zu jener Zeit fehlten unter anderem rund 150 Schreibmaschinen, »die ich einfach nicht beschaffen kann«, wie Kamm bei der Besprechung klagte. Dabei sei es »doch unmöglich, daß die Kammern draußen Dinge mit der Hand schreiben müssen, die sonst in der Hälfte der Zeit mit der Maschine erledigt werden könnten«.

Ende Juni 1947 waren immerhin die persönlichen Daten von 2 640 216 Personen erfasst. Doch der Personalmangel blieb chronisch. So erwies sich am Ende die Vorstellung Kamms, bis Mitte 1947 die Arbeit abzuschließen, als illusorisch. In einem »Plan für die zukünftige Abwicklung der Entnazifizierungsarbeiten«, datiert vom 16. Juni 1947, zog der Minister eine neue Bilanz. Es war nach seiner eigenen Feststellung ein »ungeschminktes Bild«. Wenn die Entnazifizierung nun binnen eines weiteren Jahres abgeschlossen sein sollte, so fehlten zu jenem Zeitpunkt 390 von 540 Vorsitzenden der Spruchkammern, 3000 von 4600 Beisitzern, 104 von 270 Öffentlichen Klägern, 790 von 960 Sachbearbeitern bei den Vorsitzenden, 110 von 300 Ermittlern bei den Öffentlichen Klägern und 90 von 180 Sachbearbeiter bei den Öffentlichen Klägern.

Kamm in dem Papier:

»Ich halte es trotz Dienstverpflichtungsgesetz nicht für möglich, diese Zahl an qualifizierten Mitarbeitern zu gewinnen, ganz zu schweigen von der Tatsache, daß bei allen Mitarbeitern der Spruchkammern ein außerordentlich häufiger Wechsel eintritt, der in folgenden Punkten seine Ursache hat:

a) Angriffe politischer Art,
b) unsachliche Angriffe der Presse,
c) politische Belastung,
d) Unfähigkeit,
e) Krankheit und Erschöpfung,
f) psychische Ermüdungserscheinungen.«

Die Frage blieb zudem: War das vorhandene Personal überhaupt für die Arbeit qualifiziert genug? Die »Public Safety Branch« der Militärbehörden hatte schon in ihrem Dossier vom 30. Dezember 1946 festgestellt: »Viele Leute halten das

Personal der Spruchkammern für juristisch unerfahren und inkompetent.« Gottlob Kamm selbst klagte: »Die Personal-Schwierigkeiten, die bereits von Hessen dargelegt wurden, bestehen auch bei uns, weil die sich für die Durchführung dieses Gesetzes zur Verfügung stellenden Personen, die völlig unbelastet sind, nicht immer die fähigsten sind.« Auch wenn es sich dem Prinzip nach um Laiengerichte handelte, so war doch Sachverstand notwendig.

In seinem Referat vom 10. September 1946 erläuterte Gottlob Kamm den Grundgedanken der Arbeitsteilung: »Im allgemeinen hat sich die Mischung, daß der politische Mann als Sachbearbeiter tätig ist und der Jurist die Verhandlungen führt und das Urteil spricht, bei uns in Württemberg-Baden besonders gut bewährt.« Wirklich erfahrene Juristen anzuwerben, erwies sich allerdings als ungemein schwierig. Allen potenziellen Kandidaten für einen Posten an den Spruchkammern war klar: es handelte sich um eine undankbare Aufgabe, und es war Schwerarbeit. Es gehörte viel Idealismus dazu, sich darauf einzulassen. So war letztlich für Gottlob Kamm »nicht die Frage entscheidend, ob Jurist oder Laie, sondern entscheidend ist, ob die Menschen mit dem Herzen bei der Durchführung des Gesetzes sind«, wie er am 16. November 1946 bei der Arbeitstagung mit den Vorsitzenden der Spruchkammern und Öffentlichen Klägern in Endersbach sagte. Doch daran hatte der Minister seine berechtigten Zweifel. Vor den Vorsitzenden und Öffentlichen Klägern in Endersbach äußerte er seine Wahrnehmung, »daß das deutsche Volk, selbst der so genannte anti-faschistisch eingestellte Teil, diese Aufgabe bis heute nicht begriffen hat«. Parteipolitisches Denken, so stellte

Kamm fest, überlagere das politische Denken: »Das haben wir bisher in Deutschland zu einem großen Teil noch nicht gelernt und wenn ich hier die Verhältnisse anschaue, wie sie in England und Amerika liegen, dann muß ich ganz offen sagen, wir können uns noch manches abschneiden.«

Bei vielen Gelegenheiten klagte Gottlob Kamm über die »Interesselosigkeit« an der Durchführung des Entnazifizierungsgesetzes. Am 19. Juni 1947 beispielsweise stellte er vor der Vorläufigen Volksvertretung in Stuttgart fest: »Ein Teil der Bürgermeister ist sich jedoch seiner Aufgaben auch heute noch nicht bewusst.« Und bei der Sitzung des Entnazifizierungsausschusses beim Länderrat am 8. Juli 1947 in Stuttgart musste der Minister eingestehen: »Wir haben versucht, die Rechtsanwälte zur Mitarbeit heranzuziehen, aber auch dieser Versuch ist als gescheitert zu betrachten.«

Doch Gottlob Kamm gab nicht auf. Gemeinsam mit Vertretern der amerikanischen Militärregierung besuchte er ab Mitte Juli 1947 zwei Monate lang systematisch alle württemberg-badischen Landkreise, um weitere Mitarbeiter für die Spruchkammern zu gewinnen. Die Aktion brachte als Endergebnis etwa 300 neue Mitarbeiter, deren Zahl sich aber schnell wieder verringerte. Denn es stellte sich heraus, dass auch ein großer Teil der neu rekrutierten Leute nicht die genügende Befähigung für den Posten besaß, oder wieder absprang. In einem Bericht war später zu lesen: »Wurde das Dienstpflichtgesetz gegen einen unbelasteten Beamten angewandt, so legte er in 90 von hundert Fällen ein amtsärztliches Zeugnis vor, daß er infolge Krankheit für die Spruchkammer-Arbeit nicht geeignet sei.« Viele Mitbürger mit unbelasteter Vergangenheit konnten schließlich einen besseren Posten erhalten, der »ihn nicht nur manchmal gehaltlich besser stellen, sondern darüber hinaus ihm auch das Leben sorgenloser machen« ließ, wie Gottlob Kamm es einmal ausdrückte.

Immer wieder mussten Amtspersonen ausgetauscht werden. Da war beispielsweise der Fall eines Öffentlichen Klägers in Stuttgart, der die Spruchkammer mit einem Revolutionstribunal von 1789 verglich. Der Mann wurde von Gottlob Kamm fristlos entlassen. Ein anderer Fall betraf den Öffentlichen Kläger bei der Spruchkammer in Sinsheim. Unterlagen im Document Center der Amerikaner in Berlin brachten ans Licht, dass dieser Kläger selbst früher Mitglied in der SS gewesen war. Er wurde ebenfalls sofort entlassen und verhaftet. In dieser Situation war es von Vorteil, dass es Gottlob Kamm ablehnte, die Angestellten in seinem Apparat in den Status von Beamten zu erheben – denn die Aufgabe war ja eine zeitlich begrenzte, und es sollten für später keine Ansprüche zur Übernahme in den Staatsdienst an anderen Stellen geschaffen werden.

Während die Zeit verstrich, wurden die Bedingungen für die Arbeit wenig besser. Im Winter wurde regelmäßig die Kohle zum Heizen der Räume knapp. Äußerst fatale Folgen hatte die Tatsache, dass es sogar am Toilettenpapier fehlte. Die Bediensteten in den Spruchkammern verwendeten statt dessen notfalls Durchschlagpapier. Weil dieses dann ebenfalls ausging, wurde der Vorgang aktenkundig. Gegebenenfalls sei in dieser Situation auf Altpapier zurückzugreifen, hieß es in einem Umlauf in der Spruchkammer Heidenheim vom 31. Januar 1947. Die Lage wurde nicht besser, zumal manchmal Angestellte der Spruchkammern in der allgemeinen Not Teile der Ausstattung der Büros für den heimischen Bedarf mitgehen ließen. Das gab Gottlob Kamm Anlass, in einem Rundschreiben an die Vorsitzenden der Kammern vom 29. September 1947 anzuordnen: »Das Entfernen von Gegenständen – wie etwa Glühbirnen – aus dem Besitz der Kammer ist mit fristloser Kündigung zu ahnden.«

Solche »Mitteilungen an die Kammern« wurden regelmäßig vom Minister Kamm ausgesandt. Manche betrafen organisatorische Fragen wie die Formalitäten für Reisegenehmigungen, die Ausstellung von Ausweisen für die Beschäftigten der Kammern – von den Öffentlichen Klägern bis zur Putzfrau – oder die Handhabung der eingehenden Post. Andere Mitteilungen bezogen sich auf die Sorgfalt in der Ermittlungsarbeit oder gaben Vorschriften für die Arbeitsteilung – so sollten beispielsweise die Öffentlichen Kläger nicht an den Beratungen und Abstimmungen der Spruchkammer teilnehmen. Oder es erging die Anweisung, Häftlingen aus Internierungslagern nach der Freilassung »alsbaldiges rechtliches Gehör« zu verschaffen. Manche Vorsitzende ignorierten jedoch einfach die Details in den Mitteilungen. Im Protokoll der Zusammenkunft vom 3. Oktober 1946 ist in Kamms Rede nachzulesen:

»Wir machten weiterhin die Erfahrung, daß ein Teil unserer Vorsitzenden und Öffentlichen Kläger die von uns herausgegebenen Mitteilungen nicht so sorgfältig lesen, wie dies im Interesse der Durchführung des Gesetzes absolut notwendig ist. Es muß für jeden Öffentlichen Kläger und Vorsitzenden der Kammer eine Selbstverständlichkeit sein, diese Mitteilungen so zu lesen, daß er sie beinahe auswendig kennt. Ohne genaue Kenntnis der Mitteilungen wird es immer wieder vorkommen, daß Öffentliche Kläger und Vorsitzende an Dingen vorbeigehen, die nicht vorkommen würden, wenn die Mitteilungen so gelesen würden, wie es wünschenswert ist.«

Trotz aller Bemühungen ging die Arbeit nur schleppend voran. Ein undatiertes Dokument der Spruchkammer Heidenheim belegt eine Lösung, die schließlich gefunden wurde. Weil – schon wegen des Mangels an Schreibmaschinen – die Bearbeitung der Fälle von »Nicht-Betroffenen« (kurz: NB) im »gewünschten Tempo nicht vorwärts« ging, die »NB jedoch schnellstens herauszufiltern« waren, wurde die Ausfertigung der Bescheide an die weiblichen Schreibkräfte »im Accord« vergeben. Die Anfertigung der Papiere erfolgte nun »außerhalb der Dienstzeit« (die um 7.30 Uhr begann und regulär um 17 Uhr endete). Pro 100 Bescheide gab es fünf Reichsmark. Und es wurde noch eine Vergünstigung gewährt: »Den damit beschäftigten Damen wird, solange es erforderlich ist, abends die Schreibstube geheizt.«

Angesichts der vielen unbesetzten Stellen waren die vorhandenen Öffentlichen Kläger und Vorsitzenden der Spruchkammern, die Ermittler und Geschäftsstellenleiter oft bis zu 16 Stunden täglich an der Arbeit. Zu den eigentlichen Gerichtsverhandlungen kamen regelmäßige »Arbeitstagungen« hinzu, die der Schulung der Öffentlichen Kläger und der Vorsitzenden der Spruchkammern dienten. Denn immer wieder tauchten in der Praxis neue Fragen auf. Die Weiterbildung wurde von Mitarbeitern aus der Rechtsabteilung des Ministeriums vorgenommen und zogen die Verantwortlichen in jeweils fünf bis sechs Kammern ein. Nach

Kamms Vorschlag fand außerdem in regelmäßigen Abständen von vier Wochen eine Überprüfung der Kammern durch Inspekteure statt. Der Minister konnte sich zudem jede einzelne Entscheidung einer Kammer zur Überprüfung vorlegen lassen.

Schon bei einer Pressekonferenz am 17. September 1946 konnte Gottlob Kamm deshalb berichten: »Gewiss, im Anlauf kamen zwar Urteile vor, die von mir aufgehoben werden mußten weil sie mit dem Gesetz nicht übereinstimmten, aber es hat sich doch gezeigt, dass diese Schulung sich so auswirkte, wie wir das gerne haben wollten. Heute sind nur noch bei einzelnen Spruchkammern Fehlurteile möglich, die übrigen Kammern arbeiten im allgemeinen sauber und korrekt.«

Das war die Darstellung gegenüber der Öffentlichkeit, intern war Gottlob Kamm mit der Arbeit der Spruchkammern nicht zufrieden. Bei der Tagung am 16. November 1946 in Endersbach las der Minister den anwesenden Vorsitzenden und Öffentlichen Klägern in den Spruchkammern die Leviten. Er berichtete: Die Militärregierung überprüfe die Entscheidungen, und täglich bekomme er von den Amerikanern Mitteilungen, »daß dieser und jener falsch angeklagt wurde«. Kamm forderte: »Ich muß dazu sagen, daß unsere öffentlichen Kläger nun leider die Pflicht haben, sich in das Gesetz so zu vertiefen, daß eine falsche Anklage nicht mehr stattfindet.«

Es war kein Wunder, dass für viele Mitarbeiter in den Kammern bald die physischen und psychischen Grenzen erreicht waren. Häufig warfen Richter sprichwörtlich das Handtuch, weil sie dem Druck aus der eigenen Familie nicht

Gottlob Kamm (rechts) bei der Vereidigung neuer Spruchkammer-

Mitarbeiter

mehr standhielten. Manche Ehefrau beklagte, dass das Amt ihres Mannes einen spürbaren Verlust an Ansehen in der jeweiligen Heimatgemeinde mit sich brachte. Wenn wieder einmal ein Spruchkammervorsitzender oder Öffentlicher Kläger bat, ihn von seiner Funktion zu entbinden, so zeigte Gottlob Kamm dafür durchaus Verständnis. Einmal sagte er: »Ich weiß, mit welchen Schwierigkeiten die öffentlichen Kläger und Vorsitzenden zu kämpfen haben; wie sie von der Bevölkerung mit Steinen beworfen werden. Es geht mir genauso.« Am Abend daheim freilich machte Gottlob Kamm gegenüber seiner Frau Rosa seiner Enttäuschung Luft. »Des hätt i nimmer glaubt, denn den han i immer für einen aufrechten und aständigen Ma g'halten«, war ein Spruch, den die Familie allzu oft hören musste.

Gottlob Kamm setzte sich dafür ein, den Angestellten bei den Spruchkammern wenigstens bei der Lebensmittelzuteilung die »Schwerarbeiterzulage« zu gewähren, »weil wir sonst in einigen Monaten kranke Leute haben, die dann einfach nicht mehr mitmachen können«, wie er am 3. Oktober 1946 bei einer Zusammenkunft der Öffentlichen Kläger und Spruchkammervorsitzenden von Baden im Gasthaus Zum Schwanen in Eppingen ausführte. Doch der Länderrat lehnte das Ansinnen ab. Später gab es wenigstens eine »Teilschwerarbeiter-Zulagekarte« für die Lebensmittelzuteilung für alle, die mindestens 55 Stunden Arbeitszeit in der Woche nachwiesen. Und zur Entspannung wurde in manchen Kammergebäuden ein Wannenbad eingerichtet – die Benutzung war pro Person auf eine halbe Stunde beschränkt.

Bei der Zusammenkunft in Eppingen klagte der Minister außerdem über etliche Mängel der Arbeit speziell in den badischen Spruchkammern. Einige Kammern »zeichnen sich durch korrekte Arbeit in Klage und Urteil aus«, war seine Feststellung, bei »vielen anderen Kammern lässt aber die Genauigkeit der Arbeit sehr viel zu wünschen übrig«. Gottlob Kamm grundsätzlich: »Eine Kammer ist schärfer, die andere milder.« Vor allem führte das unzureichende Personal in den Spruchkammern zwangsläufig zu einer nur schleppenden Abarbeitung der Fälle. In einem Dossier vom 30. Dezember 1946 fasste die »Public Safety Branch« der Militärverwaltung die Beschwerden der deutschen Bevölkerung zusammen: »Es herrscht Verärgerung über die Langsamkeit, in der die Spruchkammern vorankommen und über die Tatsache, dass viele Personen von ihrer Berufsausübung ausgeschlossen sind, während sie darauf warten, dass die langsamen Gerichte ihren Fall entscheiden.« Die Einschätzung der Sicherheitsbehörde war, dass der Entnazifizierungsprozess unter diesen Gegebenheiten noch drei oder vier weitere Jahre andauern würde. In dem genannten Dossier heißt es, ganz allgemein, weiter:

»Es herrscht ein ziemlich allgemeines Gefühl in der deutschen Bevölkerung der US-Zone, daß die Spruchkammern zu streng mit kleineren Leuten und zu nachsichtig mit prominenten Nazis umgehen. Viele Leute glauben, daß das einzelne nominelle Parteimitglied mehr oder weniger unbeachtet bleiben sollte und sich die Bemühungen darauf konzentrieren sollten, schwere Strafen gegenüber prominenten und aktiven Nazi-Führern auszusprechen. Oft wird die Meinung geäußert, daß einflussreiche und reiche Nazis oft von unschlüssigen oder selbstsüchtigen Gerichten ›weiß gewaschen‹ werden – ein weit genug verbreitetes Gerücht, das aber wahrscheinlich teilweise gerechtfertigt ist und den Verdacht der Korruption und Misstrauen gegen den Entnazifizierungsprozess auslöst.«

Aus Inspektionsberichten wusste der Minister, dass manche der Öffentlichen Kläger und Spruchkammer-Vorsitzenden ihre Arbeit »nur so nebenher machen«. Nach Gottlob Kamms Meinung sollte es eigentlich selbstverständlich sein, »daß die bei den Spruchkammern beschäftigten Kräfte hauptamtlich tätig sind«. Kamm forderte bei der Besprechung am 3. Oktober 1946 auch, »dass die politischen Parteien noch mehr wie bisher zur Mitarbeit in Baden herangezogen werden«. Allerdings könnten die Spruchkammern keine »Versorgungsanstalten für die politischen Parteien« sein, stellte der Minister zugleich klar.

Eine Schwachstelle waren insbesondere die Beisitzer bei den Spruchkammerverfahren. Gottlob Kamm war sich der latenten Gefahr einer Beeinflussung oder gar der Korruption bewusst. Die Passagen über die Beisitzer in Kamms Rede vom 3. Oktober 1946 sprechen für sich:

»Viele der Beisitzer kommen auch schon mit einem gewissen Vorurteil in die Kammern selbst und deshalb wird von mir angestrebt, den Beisitzern die Tagesordnung nicht vorher zuzustellen, sondern sie erst dann den Betreffenden auf den Platz zu legen, wenn die Verhandlung beginnt, damit keinerlei Rückfragen und auch keinerlei Durchstechereien bei den Beisitzern möglich sind. Unsere Kammern müssen in jedem Falle unbestechlich bleiben und dabei erscheint es mir besonders wichtig, daß die Militärregierung auch in Württemberg-Baden alle Anstrengungen macht, daß die so schwer beschäftigten Leute in den Kammern die

Schwerarbeiterzulage bekommen, damit sie in jeder Weise auch hier die notwendige Unterstützung haben.«

Probleme gab es ebenfalls mit den »Ermittlern« bei den Öffentlichen Klägern. Mit der Feststellung, dass der »Betroffene« zum Beispiel ein aktiver Nazi war, war es nämlich natürlich nicht getan, denn damit allein konnten die Spruchkammern wenig anfangen. Es mussten Beweise beigebracht werden, dass der Betroffene tatsächlich als aktiver Nazi in den letzten zwölf Jahren hervorgetreten war. Dieses zu prüfen, war die Aufgabe der Ermittler. Nach den Vorstellungen Kamms sollte jede Kammer einen oder zwei solcher Ermittler haben, in Wirklichkeit aber verfügten selbst manche größeren Spruchkammern über keinen einzigen. Und dort, wo es sie gab, fiel ihre Tätigkeit nicht immer zur Zufriedenheit des Ministers aus. Jedenfalls erklärte Gottlob Kamm bei der Zusammenkunft in Eppingen: Es sei »natürlich zu prüfen, ob die Ermittler auch das sind, für was wir sie brauchen. Ermittler, die lediglich entlastendes Material bringen, brauchen wir nicht, denn dann ist das Geld einfach umsonst ausgegeben.«

Verschwiegenheit war für alle Beschäftigten in den Spruchkammern oberstes Gebot. Berichtet wird allerdings von einem Angestellten in Württemberg, der einem »Betroffenen« mitteilte, dass er in die Gruppe der Hauptschuldigen eingereiht worden sei. Der Mann beging einen Selbstmordversuch. Kamm berichtete in Eppingen:

»Als der betreffende Angestellte dies erfuhr, ist er zu dem Betroffenen wieder hingegangen und hat ihm mitgeteilt, daß die Sache hinsichtlich seines Verfahrens nicht so schlecht stehe. Aber der Mann ist trotzdem gestorben. Solche Dinge

Gottlob Kamm bei Sitzungen des Länderrats der US-Zone

können unter keinen Umständen geduldet werden. Angestellte der Spruchkammern, die den Mund nicht halten können und Dinge ausplaudern, die nur die Spruchkammern etwas angehen sind ... fristlos zu entlassen und können auch bei keiner anderen Kammer mehr Anstellung finden.«

Ein eigenes Kapitel waren die Berufungskammern, denn gegen die Entscheidungen der Spruchkammern konnte natürlich Einspruch erhoben werden. Bei der Sitzung des Entnazifizierungsausschusses beim Länderrat am 8. Juli 1947 in Stuttgart berichtete Kamm, dass das »Anschwellen der Berufungssachen« darauf zurückzuführen sei, dass die Kammern von ihrem Recht der Zurückweisung zu wenig Gebrauch machen würden. Dadurch seien die Betroffenen »ermutigt worden, auch in sachlich unberechtigten Fällen Berufung einzulegen«. Viele Urteile wurden in der zweiten Instanz revidiert. Bei der genannten Sitzung des Entnazifizierungsausschusses goss Professor Dorn Öl in die offene Wunde der unzulänglichen Qualifikation im Justizapparat. Dorn führte »die Schwierigkeiten der Berufungsverfahren im wesentlichen darauf zurück, daß die mit Juristen besetzten Berufungskammern den mehr laienmäßig besetzten Spruchkammern gegenüber stehen«.

Vor Journalisten erläuterte Gottlob Kamm einmal zusammenfassend sein Verständnis über das Gesetz und die Arbeit der Spruchkammern:

»Das Gesetz ist kein Strafgesetz, es sind keine Strafen zu verhängen. Keine einzige der Sühnemaßnahmen, auf die die Spruchkammern zu erkennen haben, tragen Straf-Charakter ... Sühnemaßnahmen haben nicht den Zweck einer Vergeltung, sondern den einer Vorbeugung und zwar in der

Form, daß die nationalsozialistischen und militaristischen Elemente sich nicht wieder im deutschen Volkskörper und in den führenden Stellen des Staates und der Wirtschaft, sowie des geistigen Lebens festsetzen können.

Schadensersatz gleich Pflicht zur Wiedergutmachung aber setzt nach dem in der gesamten Kulturwelt, auch in Deutschland, schon vor 1933 geltenden und in Kraft gebliebenen Recht keine strafbare, nicht einmal eine unerlaubte, sondern nur eine gefährliche Handlung voraus. Wer zum Beispiel ein Kraftfahrzeug laufen lässt, also eine durchaus erlaubte, sogar gewünschte Tätigkeit ausübt, wird jederzeit schadensersatzpflichtig werden, wenn er einen Unfall verschuldet und kein Mensch wird behaupten wollen, dass dies ungerechtfertigt sei ...

Der öffentliche Kläger erhebt die Ansprüche auf Wiedergutmachung nicht für irgendeine Staatskasse, sondern im Namen von 30 Millionen Toten, im Namen der Menschen, die jahrelang in den KZ-Lagern widerrechtlich gefangen gehalten wurden, im Namen der Witwen, Waisen und Verstümmelten, im Namen der Eigentümer der zerstörten Häuser unserer Städte, im Namen der Fliegergeschädigten, Obdachlosen und Flüchtlinge. Diese Wiedergutmachung muß naturgemäß den Parteigenossen in erster Linie treffen und daß dies gerecht ist, wird wohl niemand bestreiten wollen. Es ist daher billig und gerecht und verstößt keineswegs gegen das allgemeine Rechtsempfinden, daß diejenigen, die freiwillig und aktiv die nationalsozialistische Gewaltherrschaft samt ihren Folgen gefördert haben, bevorzugt nach dem Maß ihrer Verantwortung zur Wiedergutmachung herangezogen werden.«

Feiger Nazi oder guter Mensch?

– Einzelschicksale und die Suche nach der Wahrheit

Einer, der seine Parteimitgliedschaft auf dem »Meldebogen« unterschlagen hatte, war der Textilkaufmann Arthur A., Jahrgang 1886, aus Wasseralfingen. Die Erklärung, die er – nachdem er bei der Lüge ertappt worden war – abzugeben hatte, mag exemplarisch für manches Schicksal stehen:

»Die Mitgliedschaft bei der NSDAP seit dem 1. 5. 1937 muss zugegeben werden. Der Grund der Verleugnung beruhte auf meiner körperlichen und seelischen Verfassung. Schwerkriegsverletzt, 70 %, Amputation des rechten Oberschenkels, Verstümmelung der rechten Hand. Bei 50 Pfund Gewichtsabnahme kam die Angst vor Zwangsarbeit, die ich bei meinem Zustand nicht ausgehalten hätte. Neben dem Verlust meines einzigen Sohnes wurde uns bei unserem Eintreffen in Ludwigsburg der Tod meines Enkelkindes gemeldet, eines Jungen von viereinhalb Jahren, der im September 1945 durch Amerikaner überfahren wurde. Sechs Wochen später fand ich meine Eltern, die im Alter von 84 und 82 Jahren ebenfalls ausgewiesen worden waren. Mein Vater starb gleich darauf im Krankenhaus, meine Mutter, die zu 95 %

erblindet ist, befindet sich heute bei meiner Schwester in Berlin.

Die Firma, bei welcher ich 45 Jahre beschäftigt war, wurde seinerzeit zwangsarisiert und so wurde auch ich gezwungen, unter der Androhung persönlicher Nachteile, in die Partei einzutreten, denn ich war gemeinhin in leitender Position ...«

Maßgeblich für die Zuordnung der Bürger in die einzelnen Kategorien, die das Gesetz Nr. 104 definierte, war die Mitgliedschaft in einer der nationalsozialistischen Organisationen gewesen. Sie war in einem zweiseitigen »Meldebogen« mit insgesamt 131 Fragen anzukreuzen, den jeder deutsche Bürger über 18 Jahren auszufüllen und einzureichen hatte. Konkret war gefragt: War einer Angehöriger, Anwärter oder förderndes Mitglied der NSDAP, der Allgemeinen SS, Waffen-SS, Gestapo, SD oder SA? Oder beim NSKK (NS-Kraftfahrkorps), NSFK (NS-Fliegerkorps), der NSF (NS-Frauenschaft), beim NSDStB (NS-Studentenbund) oder NSDD (NS-Dozentenbund), bei der HJ (Hitlerjugend) oder beim BDM (Bund Deutscher Mädel) gewesen? War einer bei der Wehrmacht oder bei der Polizei, was für eine Tätigkeit hatte er oder sie ausgeübt und was hatte er oder sie verdient?

Auf Plakaten wurde die Verpflichtung zur Einreichung der Meldebogen bekannt gemacht. Den bürokratischen Vorgang empfanden viele Bürger und Bürgerinnen angesichts der Existenzprobleme in den zertrümmerten Städten als äußerst lästig. Gottlob Kamm meinte dazu bei seiner Rede, die er am 16. November 1946 in Endersbach hielt:

»Ich glaube nicht, daß wir durch die angeschlagenen Plakate wesentliches Material für die Durchführung unserer Aufgabe gewinnen können. Die Menschen sind durch die täglichen Sorgen viel stärker belastet als zu normalen Zeiten. Die Frage, wo bekommen wir unsere Kartoffeln her und so weiter interessiert sie zur Zeit am meisten, und die Frage der Denazifizierung hat dadurch einen nicht unerheblichen Stoß erlitten.«

Dass die Meldebogen tatsächlich von allen Bürgern ausgefüllt wurden, erreichte die Verwaltung mit einer spürbaren Zwangsmaßnahme: Lebensmittelkarten zum Einkaufen bekam auf den zuständigen Ämtern nur, wer eine Quittung über die Abgabe des Meldebogens vorlegen konnte.

Ein Aufatmen ging durch jede Familie, wenn per Postkarte der erlösende Bescheid kam: »Auf Grund der Angaben in Ihrem Meldebogen sind Sie von dem Gesetz zur Befreiung von Nationalsozialismus und Militarismus vom 5. März 1946 nicht betroffen.« Denn gutes Gewissen oder nicht – die Deutschen hatten das Gefühl, als ginge es um Kopf und Kragen. Die Angaben wurden so sorgfältig wie möglich überprüft. Die Spruchkammern holten über jeden Bürger Auskünfte bei den amerikanischen Behörden ein, die die Angaben mit den sichergestellten Mitgliedslisten der nationalsozialistischen Organisationen verglichen. Zu jedem einzelnen Fall füllten zudem »Arbeitsblätter« die Aktenordner. Diese gingen an die Bürgermeisterämter, die politischen Parteien vor Ort, das Arbeitsamt und das Finanzamt und wurden dort mit Angaben oder Kommentaren versehen.

Panik ergriff all jene, die – so wie Arthur A. aus Wasseralfingen – statt des positiven Bescheids vom Öffentlichen Kläger Post mit folgendem Text bekamen: »Nach einer Auskunft vom Document Center Berlin, die der Spruchkammer durch die Militärregierung übermittelt wurde, waren Sie Mitglied der NSDAP.« Bei falschen Angaben im Meldebogen drohten nach Artikel 65 des Gesetzes strenge Strafen – so eben auch Arthur A. Doch der Textilkaufmann hatte noch Glück: In seinem Fall kam am 20. September 1948 der »Einstellungsbeschluss« des Verfahrens – nach der Verordnung der Weihnachts-Amnestie vom 5. Februar 1947.

Die Spruchkammern hatten über eine Flut einzelner menschlicher Schicksale zu entscheiden. In Württemberg-Baden allein waren rund 2,5 Millionen Meldebogen zu bearbeiten. Etwa 600 000 Bürger waren von den Vorschriften zur Entnazifizierung betroffen. In der Gruppe der Hauptschuldigen rechnete Gottlob Kamm bei seinem Amtsantritt mit etwa 10 000 bis 12 000 Personen, etwa gleich viele würden als »Belastete« zu gelten haben. Insgesamt würden damit wohl etwa 30 000 Menschen der »Bewährungsgruppe« in Württemberg-Baden zuzuordnen sein. In seinem Referat am 10. September 1946 zog Gottlob Kamm eine Zwischenbilanz:

»2 457 000 Fragebogen sind am 31. August 1946 bei den Spruchkammern eingegangen, davon waren rund 10 Prozent = 245 820 bis zum obengenannten Termin erledigt. 118 209 Fälle laufen z. Zt. in der Ermittlung, während bis heute 237 608 Postkartenbescheide an nicht Betroffene ausgegeben wurden. In 24 735 Fällen wurde das Verfahren gegen die Betroffenen eröffnet und in 790 Fällen wurde das

Verfahren bis heute eingestellt. Durch Spruch- oder Sühnebescheid sind bis jetzt rechtskräftig entschieden: 7422 Fälle. Bis zum 7. September wurde auf Grund des Art. 60 in 1205 Fällen eine einstweilige Genehmigung beantragt. In nur 341 Fällen konnte von dem Art. 60 Gebrauch gemacht werden, während 837 Fälle abgewiesen werden mussten, weil sie den Voraussetzungen des Art. 60 nicht entsprachen. Eil-Anträge wurden 14 583 eingereicht, wovon 12 655 genehmigt wurden. Bis heute sind 104 Berufungen in Württemberg-Baden angefallen, die vor die Berufungskammer kommen werden.

Von den rechtskräftig abgeschlossenen 7 422 Fällen wurden in die Gruppe eins 5 Fälle, in die Gruppe zwei 79, in die Gruppe drei 232 und in die Gruppe vier 6 500, in die Gruppe fünf 606 Personen eingereiht. 134 732 Fälle befinden sich noch in Bearbeitung.«

Natürlich konnte keine Behörde gegen eine solche Masse von Bürgern – anders als gegen die überschaubare Zahl der Haupt-Kriegsverbrecher in den Nürnberger Prozessen – genauere Ermittlungen anstellen. Die daraus folgende Vorschrift, dass die Bürger selber die Beweislast zu tragen hatten – also Beweise ihrer Unschuld an den Verbrechen des Naziregimes beibringen mussten –, war dennoch ein Konstruktionsfehler, der eine gerechte Aufbereitung der Vergangenheit kaum zuließ.

Massenhaft Papier füllten die Aktenordner, die sich bei den Spruchkammern häuften, und die Erklärungen der Zeugen waren stets widersprüchlich. Was also war die Wahrheit? Wie groß war die »Schuld« etwa des Karl A., geboren 1882 in Aalen, der bis zu seiner Pensionierung kurz vor dem Kriegsende als Technischer Reichsbahn-Obersekretär gearbeitet hatte? In seinem Fall gab es die schriftliche Auskunft vom »Politisch beratenden Ausschuss bei der Reichsbahndirektion Stuttgart«, die besagte: »A. war überzeugter Nationalsozialist, als Blockleiter in seinem Block gefürchtet, trat werbend hervor.« Als der Öffentliche Kläger zurückschrieb und um weitere Einzelheiten bat, schob der Ausschuss nach: »Unsere Angabe im Arbeitsblatt halten wird aufrecht. Bei dem seinerzeitigen Entnazi-Ausschuss auf dem Rathaus wurde der Name A. von verschiedenen Geschäftsleuten als derjenige angegeben, der gedroht hat, entweder in die Partei einzutreten oder das Geschäft werde geschlossen.« Eine Zeugin schrieb: »Ich kenne A. als einen feigen, gefährlichen und wichtigtuenden Nationalsozialisten, vor dem man sich hüten muss.« Die Zeugin beschrieb ausführlich, wie er sie sexuell belästigt hatte.

Auf der anderen Seite stand der Ex-Kollege Josef S., der zu Protokoll gab: »Ich hatte mit Herrn A. als Lok-Heizer viereinhalb Jahre Versuchsfahrten zu machen. Während dieser Zeit habe ich nie die Beobachtung gemacht, daß Herr A. in irgend welcher Form politisch an mich herangetreten wäre ... Er hat sich mir gegenüber ziemlich zurückgehalten und auch nie versucht, mich in politischer Hinsicht zu beeinflussen.« Das katholische Stadtpfarramt bescheinigte eidesstattlich, dass Karl A. nie aus der Kirche ausgetreten war. Der Angeklagte selbst sagte aus: »Bei den Leuten habe ich auch schon mal über das Regime geschimpft.«

Was also war die Wahrheit? Bei der Verhandlung, die für den 13. Oktober 1947 um acht Uhr vor der Spruchkammer Aalen angesetzt war, standen sich schließlich sieben Belastungs- und zwölf Entlastungszeugen gegenüber. Entgegen dem Votum des Öffentlichen Klägers, A. als Belasteten in die Gruppe II einzuordnen, entschied der Vorsitzende für »minderbelastet« und damit die Gruppe III. Außerdem hatte A. 1500 Reichsmark als »Sonderbeitrag in den Wiedergutmachungsfonds« zu zahlen und 90 Tage »Sonderarbeit für die Allgemeinheit« zu leisten. Der Richter Eugen Schwenk schrieb in der Begründung: »Die im Ermittlungsverfahren von den Zeugen gemachten Angaben wurden von diesen in der Verhandlung in mehreren Punkten nicht aufrecht erhalten ... Ebenso konnte die Behauptung, daß der Betroffene mit Schließung des Geschäfts gedroht hatte, nicht aufrecht erhalten werden ... Die Aussagen der Zeuginnen G. und K. bestätigen, daß der Betroffene sein Amt dazu benutzte, um an die Frauen heranzukommen, damit er seine persönlichen Leidenschaften befriedigen könne. Daß es ihm dabei gar nicht um politische Dinge ging, bewiesen die Aussagen der beiden Zeuginnen S. und E., denen er abgeraten hatte, in die Partei oder die NSV zu gehen.« Auffällig bei der heutigen Durchsicht des 50 Jahre alten Aktenordners ist, dass die Frage des Verhaltens von Karl A. gegenüber einstigen jüdischen Mitbürgern – zum Beispiel jüdischen Geschäftsleuten – bei der Recherche und in den Aussagen ausgeblendet blieb.

Widersprüchlich waren auch die Wahrnehmungen und Akten im Fall des Wilhelm Carrle, Jahrgang 1891, Gemeindepfleger von Jesingen/Teck. 1932 war er in die Nazi-Partei eingetreten, 1938 übernahm er die Funktion des Ortsgruppenleiters. Sein Fall wurde im Interniertenlager 75 in Kornwestheim verhandelt. Unter den Papieren zu seiner Entlastung war eine Unterschriftenliste von 40 Mitbürgern, die sagten: »... daß er uns nie aufgefordert hat, in die NSDAP einzutreten und daß er uns während der ganzen Zeit des Hitlerregimes in Ruhe gelassen hat«. In den Akten befindet sich das Attest des Gastwirts »Zum Ochsen«, in dem Carrle verkehrte, mit der Aussage: Er habe in seinem Gasthaus »meist mit Antifaschisten angeregte Unterhaltung und Kartenspielen« gepflegt. Seine Ehefrau reichte ein Entlassungsgesuch ein, um Carrle »vor dem seelischen Zusammenbruch zu bewahren«, und argumentierte: »Mein Mann war weder fanatischer Nationalsozialist noch duldete er eine ungerechte Behandlung oder Zurücksetzung anders denkender Menschen.« Da erschien der Beschuldigte als »guter Mensch«.

Der Öffentliche Kläger warf ihm jedoch vor: »Carrle war mit einigen anderen fanatischen Nazis der wirkliche Aktivist und die Spitze der Hitlerschen Gewaltpolitik innerhalb der Gemeinde. Die Terrorisierung reichte über Jesingen hinaus ... In der Bevölkerung besteht allgemein die Auffassung, daß es hauptsächlich Carrle zu verdanken war, daß die NSDAP in Jesingen derartig Fuß fassen konnte.« Er hatte mehrere Gegner des Regimes verhaften lassen, und eine Zeugin warf ihm vor, dass der Ortsgruppenleiter ihren Mann ins KZ nach Dachau gebracht habe. Etliche Zeitungsausschnitte aus dem »Teckboten« dokumentierten, wie er sich bei öffentlichen Reden für Hitler stark gemacht hatte. Das Urteil, das nach der Verhandlung am 12. September 1947 gesprochen wurde, ordnete Wilhelm Carrle als »Belasteten« in die Gruppe II ein. Für die Dauer von zweieinhalb Jahren wurde er in ein Arbeitslager eingewiesen; 20 Prozent seines Vermögens wurde eingezogen, für fünf Jahre bekam er Berufseinschränkung.

Auch der Blick in die 50 Jahre alten Akten des Wilhelm Carrle führt die kuriose Besonderheit der Spruchkammerverfahren in der Geschichte der internationalen Rechtssprechung vor Augen: Die hauptsächlichen Opfer des Nazi-Regimes, nämlich die Juden, und die möglichen Verbrechen an ihnen vor Ort waren in der Routine des Verfahrensablaufs kein Gegenstand der Untersuchung.

Doch die Zeit drängte. Jüdische Opfer standen als Zeugen nicht zur Verfügung – sie waren entweder tot oder hatten es ins Exil geschafft. Gottlob Kamm musste es darum gehen, dass »möglichst rasch jeder Einzelne weiß, in welcher Form er vom Gesetz betroffen wird«. Diese Arbeit war eine ständige Gratwanderung: Einerseits durften Schuldige nicht frei ausgehen, andererseits sollten Menschen durch das Gesetz nicht nachträglich zu Nationalsozialisten abgestempelt werden, »die es in Wirklichkeit überhaupt nie waren«. Fehlurteile – das war ihm aber ebenso klar – werde es natürlich »in 2000 Jahren noch geben«.

Grundsätzlich erklärte der Minister: »... daß ich größten Wert darauf lege, daß das Gesetz möglichst rasch durchgeführt wird, denn es liegt nicht nur im Interesse der Deutschen, sondern auch im Interesse der Militärregierung, wenn die Beteiligten in der Verwaltung und in der Wirtschaft wissen, mit wem sie es in der Zukunft zu tun haben, damit sie ihre Entscheidungen entsprechend treffen können.«

Schwer zu messen sind die tatsächlichen Auswirkungen der Entnazifizierung auf die Wirtschaft in der US-Besatzungszone. Am 9. Oktober 1947 schloss die »Public Safety Branch« des OMGUS-Hauptquartiers einen Bericht dazu ab, der die Probleme eher herunterspielte. Für die Bestandsaufnahme waren 33 Fabriken in Bayern, 17 in Hessen und zehn in Württemberg-Baden von Inspektoren aufgesucht worden. In der Zusammenfassung des Berichts war zu lesen: »Es kann festgestellt werden, daß unter allen Faktoren, die zur Zeit eine abschreckende Wirkung auf die allgemeine Wirtschaft des Landes haben, die Entnazifizierung der traurige letzte ist und daß diese in vielen Fällen die positive Wirkung hatte, ein veraltetes, uneffektives Management durch eine jüngere, effektivere und energische Führung zu ersetzen ...« Nur in einem der 60 Fälle sei die Entnazifizierung als größeres Hindernis betrachtet worden.

Die Angaben in den Dossiers über die einzelnen Betriebe lassen viele Fragen offen und manchen Zweifel zu, ob diese Berichte nicht schöngefärbt waren. Im Fall der Robert-Bosch-Werke in Stuttgart wird festgestellt: »Die Entnazifizierung wird nicht als größerer Faktor betrachtet, der die Effektivität dieser Firma beeinträchtigt.« Schätzungsweise 600 Mitarbeiter seien nach Kriegsende aus politischen Gründen entlassen worden, die Hälfte davon sei später wieder eingestellt worden. Allerdings ist dem gegenüberzustellen, dass seit dem Höhepunkt der Beschäftigung 1945 und dem Zeitpunkt der Befragung bei Bosch die Belegschaft von 45 000 auf 9900 Köpfe geschrumpft war – weil während des Krieges »alle Bestellungen ausschließlich vom Reich« kamen, nun aber »viele der Vorkriegskunden kaum in der Lage sind, größere Mengen an Gütern zu kaufen«, wie es heißt.

Zur Automobilfabrik der Firma Opel in Rüsselsheim lautete die Aussage, dass im Oktober 1945 genau 266 Personen aus der Belegschaft »aus politischen Gründen« entfernt worden seien, nur einer von ihnen wurde nach seiner Spruchkammer-Verhandlung wieder eingestellt. Gleichzeitig gab der von den Amerikanern eingesetzte Treuhänder an, »daß keine einzige Mannstunde Arbeit durch die Entnazifizierung verloren ging«, weil die Entnazifizierung vor Inkrafttreten des Gesetzes Nr. 104 abgeschlossen worden war. Im Dossier zur Maschinenfabrik Augsburg-Nürnberg (MAN) ist zu den Folgen der Denazifizierung nachzulesen:

»Nach Auskunft des Direktors war die sofortige Entlassung der Beschuldigten ein schwerer Schlag für die Firma. Eine schreckliche Bürde würde den wenigen Personen in Schlüsselpositionen auferlegt, die weiter machten. Dies führte auch zu einem großen Verlust an Geld für die Firma, denn der Wiederaufbau der normalen Fertigung wurde beträchtlich erschwert. Dies traf besonders auf Fälle zu, in denen Schlüsselposten nicht ersetzt werden konnten. Auch wenn ein Ersatz gefunden wurde, so ist auch heute noch nicht jeder Ersatz zufriedenstellend und bei Schlüsselposten spürt man weiterhin den Verlust. Allerdings handelt es sich um relativ wenige Fälle. Andererseits ist der Ernst und die Wirkung der Abgänge nach einer gewissen Zeit nun ausgeglichen. Der führende Manager hat das Gefühl, daß die Entnazifizierung jetzt ihren Abschluss erreicht hat und daß die Entnazifizierung nicht länger als ernstes Handicap zu betrachten ist.«

Massenhaft Persilscheine

– Scheinheiligkeit breitet sich im Nachkriegsdeutschland aus

Gottlob Kamm hasste diese Situation: Ein Mann kam ins Büro des Ministers und zog seinen KZ-Ausweis aus der Tasche. Für Gottlob Kamm – der ja selbst die Haft im KZ hatte erleiden müssen – war das allein noch kein Grund, um nach dem Ende des nationalsozialistischen Terror-Regimes eine Bevorzugung beanspruchen zu können, denn so konnte die Aufarbeitung der Vergangenheit und die Gestaltung der Zukunft seiner Meinung nach kaum funktionieren. Vor Journalisten argumentierte er einmal, anknüpfend an seine eigenen Erfahrungen im Ersten Weltkrieg:.

»Wenn ich daran denke, daß auch ein anderer Teil des Volkes und zwar die einfachen Landser in den kalten Winterschlachten im Osten und bei ihren sonstigen Einsätzen für das deutsche Volk vielleicht genau so viel erlebt und durchgemacht haben, wie diejenigen, die im KZ waren, die nun aber keinerlei Sonderrechte bekommen können, so bin ich der Auffassung, daß nur der wirklich politisch Geschädigte und nur derjenige, der sich vor 1933 politisch betätigt hat, zunächst einmal Anspruch hat, voll bei der Wiedergutmachung entschädigt zu werden. In allen anderen Fällen muß ein sehr strenger Maßstab angelegt werden, denn wir können uns den Luxus, nachdem wir so arm geworden sind, nicht leisten, daß man heute als KZ-Angehöriger sich auf Kosten anderer bereichert.«

Die Realität war freilich anders: »Wenn aber heute zu mir aufs Büro Personen kommen und sofort in die Tasche langen, um ihren Konzentrationslager-Ausweis zu zeigen, so ist meistens damit verbunden, daß sie persönliche Vorteile in irgendeiner Form für sich wollen.«

Gottlob Kamm war überzeugt: Natürlich werde es zu einer Wiedergutmachung für die überlebenden Opfer kommen müssen – aber Deutschland sei »so arm geworden, daß derjenige, der von vornherein in der heutigen Zeit persönliche Vorteile für sich erhalten will, fehl am Platze ist«. Der Minister knüpfte dabei an die Ideale der Arbeiterbewegung an, die er für den Wiederaufbau nutzen wollte. So war sein Maßstab konsequent, den er vor Parteigenossen Ende Oktober 1946 formulierte: »Wer als Direktor, Beamter oder aus einer anderen Stellung entlassen wurde, nach seiner Entlassung sich sofort zu gewöhnlicher Arbeit zur Verfügung gestellt hat, wer Säge und Axt nahm und in den Wald ging, um gewöhnliche Arbeit zu verrichten, wer sich als Bauarbeiter oder als Hilfsarbeiter betätigte, der wird von der Kammer heute schon anders beurteilt werden müssen, als dies bei denjenigen der Fall ist, die sofort mit ärztlichen Zeugnissen aufwarteten, als man sie zu gewöhnlicher Arbeit heranziehen wollte und die nun ein Jahr lang ohne Arbeit zu Hause sitzen.«

Und Kamm fuhr fort: »Überwinden werden wir aber den Nationalsozialismus und Militarismus nur dann, wenn wir nicht nur durch das Gesetz, sondern darüber hinaus durch unsere Arbeit die anderen überzeugen, daß dieses Deutschland, das wir bauen wollen, ein anderes ist und werden soll, als dies in den letzten zwölf Jahren der Fall gewesen ist.«

Aber den Idealismus des Gottlob Kamm teilte die Mehrheit der Deutschen nicht. Jedermann versuchte, einen so genannten Persilschein zu bekommen – der Begriff lehnte sich an den Namen des schon 1917 als Markenzeichen eingetragenen Waschmittels an und symbolisierte das Reinwaschen von Bürgern. Notfalls wurden solche Bescheinigungen gekauft. So berichtete die Schweizer Zeitung »Die Tat« am 17. April 1946, dass ein Ahnennachweis für eine »jüdische Großmutter« auf dem Schwarzmarkt inzwischen nicht mehr unter 7000 Reichsmark zu bekommen sei. Dahinter steckte eine Erfahrung mit der typisch deutschen Bürokratie: Bescheinigungen hatte man schon im alten Preußen vielfältig gebraucht, und unter der Herrschaft der Nationalsozialisten waren sie für manche die Voraussetzung zum Überleben gewesen – etwa der Nachweis »arischer« Abstammung.

Die Pfarreien stellten massenhaft »Persilscheine« aus. »Wir können es mit gutem Gewissen bezeugen, daß die ganze Familie A. mit den Bestrebungen und Zielen des Nationalsozialismus zu keiner Zeit irgend etwas gemein hatte«, stand beispielsweise in einem Attest des evangelischen Gemeindepfarrers für Albert A. aus Aalen. Er war seit 1939 Stadtpolizei-Obersekretär und zahlendes Mitglied bei der

NSDAP gewesen, und hatte bei den Sammlungen zum Winterhilfswerk mitgeholfen. Von der Spruchkammer wurde er trotz der kirchlichen Bescheinigung in die Gruppe der Mitläufer eingeordnet und mit einem Sühnebescheid über 400 Reichsmark bedacht. Von der Post, ihrem ehemaligen Arbeitgeber, bekam die Postassistentin Julie S. aus Endersbach einen »durchaus anständigen Charakter« bescheinigt. Sie war förderndes Mitglied beim NSFK und seit 1939 Blockleiterin bei der NS-Frauenschaft. Über 50 Reichsmark lautete ihr Sühnebescheid.

Gottlob Kamm war skeptisch gegenüber jeder Art von »Bescheinigung«. Bei seiner Pressekonferenz am 17. September 1946 stellte er fest: »Wenn den Kammern Bescheinigungen in großer Zahl vorgelegt werden, dann ist zu diesen Bescheinigungen zu sagen, daß sie die Grundlage für die Beurteilung der Menschen vor unseren Kammern in sehr seltenen Fällen bilden werden. Diese Bescheinigungen sind in den letzten zwölf Jahren des Nationalsozialismus vielfach gebraucht worden und es gibt auch heute noch Menschen, die glauben, ihre Vergangenheit durch Bescheinigungen beweisen zu können. Wer nicht aktiv am Nationalsozialismus teilgenommen hat, braucht solche Bescheinigungen in großer Anzahl nicht, denn ihm wird ja eine aktive Betätigung von niemand nachgewiesen werden können.«

Die Scheinheiligkeit breitete sich im Nachkriegsdeutschland dennoch aus wie eine Epidemie. Ende Oktober 1946 klagte Kamm: »Bei Durchsicht der Meldebogen habe ich festgestellt, daß ein Teil derselben blendend rein ist bei den Personen, die von außerhalb nach Württemberg hereingezogen sind. Würde es nach diesen Personen im allgemeinen gehen, dann hätte es eigentlich nur in Württemberg Parteimitglieder gegeben.« Ein anderes Mal meinte der Minister: »Mir ist ein schwäbischer wahrhafter Fragebogen mit einem kleinen Fleck daher noch lieber, als ein blendend weißer, aber unwahrhafter Fragebogen aus anderen Gauen.« Bei einer Gelegenheit zitierte Gottlob Kamm einen Bibelspruch, der ihm nun »ganz klar geworden« sei: »Im Himmel ist mehr Freude über einen Sünder, der Buße tut, denn über hundert Gerechte.«

Reihenweise wurden andererseits Bürger immer wieder zu Opfern von Denunzianten. Gottlob Kamm bezeichnete dieses Denunziantentum als »erbärmliches« Verhalten. Die üble Erfahrung, denunziert zu werden, hatte er selbst in den Jahren 1935 bis 1945 machen müssen. Denunziation war für ihn »das Anzeigen eines Menschen, nicht weil er ein Gesetz übertrat, sondern weil man ihn schädigen will«. Denunziant sei heute »nur der, der den anderen aus egoistischen Gründen anzeigt, nicht aber aus Gründen der Ordnung und Gerechtigkeit«. Doch war ihm auch die Schwierigkeit bewusst, zu unterscheiden zwischen »den wirklich politischen Leuten« und denjenigen, »die nie vor 1933 politisch tätig waren, aber ins Konzentrationslager wegen einer Äußerung oder wegen Radiohörens kamen, oder aber, weil die Ehefrau zum Ortsgruppenleiter ging, damit sie ihren Mann los wurde«.

Kamm erinnerte sich später »mit Schmerzen« zum Beispiel an die »Volkssturm«-Vereidigung in seiner Heimatstadt Schorndorf – zu einer Zeit, als sich bereits das Ende nationalsozialistischer Herrschaft abgezeichnet hatte: »Wie damals die Leute in die Turnhalle in Schorndorf strömten und mit Leib und Leben bei der Sache waren. Keiner will heute mehr Nationalsozialist gewesen sein.« Gerade das mache die Entnazifizierung so schwierig, dass die meisten ihren Eintritt in die Partei – früh oder spät, und aus welchen Gründen es auch immer geschah – als eine »Bagatelle« betrachteten. Bei seiner Rede 1946 in Stuttgart-Wangen fragte Kamm seine Zuhörer: »Kann ich den Amerikanern heute bestätigen, daß sie alle nur Mitläufer waren? Auch die, die bis 1945 jedes ›Grüß Gott‹ mit dem provozierenden ›Heil Hitler‹ beantworteten, auch die, die Rat- und Hilfesuchende wieder aus den Amtsstuben hinauswiesen, weil sie nicht mit dem Deutschen Gruß eintraten?«

Auf jeden Fall sollte Schluss damit sein, dass Mitbürger wegen ihrer politischen Überzeugung geächtet wurden. Vor Parteigenossen legte der Minister Ende Oktober 1946 dar, was ihn beschäftigte: »Ich habe mir oftmals Gedanken über die Menschen selbst gemacht, als sie mir in den letzten zwölf Jahren nachriefen, oder nachsagten: ›Da kommt der Rote‹, oder aber mich als ›Volksverräter‹ titulierten. Wenn ich jetzt dasselbe höre gegenüber den Nazis, dann muß ich sagen, kann man denn eine neue Welt aufbauen, ohne daß man das Alte begräbt? Wer eine neue Welt aufbauen will, darf nicht mit den gleichen Grundsätzen arbeiten, wie dies in den letzten zwölf Jahren geschehen ist. Wer Haß mit Haß vergelten will, wer das, was Gauleiter Murr im Jahre 1933 in Stuttgart sagte: ›Auge um Auge, Zahn um Zahn, und wer einem unserer Parteigenossen zwei Zähne einschlägt, dem werden wir den Kiefer zerschmettern‹, auch geltend machen will, ist für unsere Aufgabe nicht geeignet.«

Und weiter klagte Kamm: »Mit jedem Tag, den wir uns weiter vom nationalsozialistischen Zusammenbruch entfernen, wird es schwieriger, gerechte Urteile zu fällen, weil ein großer Teil der Bevölkerung nicht mehr bereit ist, wahrheitsgemäß die Aussagen zu machen, die teilweise vor einem Jahr noch gemacht worden wären.« Mit zunehmendem zeitlichen Abstand zum Ende der nationalsozialistischen Herrschaft wollten viele Mitbürger ihre Unterstützung für Hitler verdrängen. Und anderen ging der Mut zur Aussage aus. Bei seinem Referat in Wangen klagte Gottlob Kamm: »Was sagen Sie beispielsweise dazu, daß ein Betriebsrat – nicht ein einzelner Mann, sondern der gesamte Betriebsrat – über den Betriebsinhaber zwei völlig voneinander abweichende Urteile abgibt, ein belastendes und ein entlastendes Urteil fast an ein und demselben Tage?«

Je länger die Erfahrung nationalsozialistischer Herrschaft zurücklag, desto mehr ging innerhalb der deutschen Bevölkerung »infolge der im Vordergrund stehenden anderen Probleme (Ernährung, Wohnung, Bekleidung, Brennstoffversorgung ...) das anfängliche Interesse an der Säuberung weitgehend verloren«, klagte Gottlob Kamm bei der Landtagssitzung am 1. August 1947. Der Minister führte weiter aus:

»Die allgemeine, durch die Not hervorgerufene Lethargie des deutschen Volkes läßt das Interesse an der Entnazifizierung immer mehr schwinden. Das Volk hat das Empfinden, daß die Propagierung der Entnazifizierung als Problem Nummer eins nicht mehr den tatsächlichen Gegebenheiten entspricht und in einem Mißverständnis zu dem Problem der wirtschaftlichen Not steht.«

»Zögerlich« seien in vielen Fällen die Zeugenaussagen vor den Spruchkammern, und die Bereitschaft, als Ankläger in den Spruchkammern mitzuarbeiten, stellte auch der Bericht der »Public Safety Branch« vom 30. Dezember 1946 fest. Dahinter stecke die »Angst vor Repressionen, wenn sich die politische Situation in Zukunft ändern sollte«. Besonders treffe dies in Verfahren gegen reiche oder einflussreiche Personen zu, »die oft das wirtschaftliche Leben in einer Gemeinde kontrollieren und in einer Position sein könnten, Zeugen später zu schaden«.

Soziologen prägten in diesem Zusammenhang den Begriff der »Erinnerungsunfähigkeit«. Franz Janka schrieb dazu: »Vom Typus des einstigen Volksgenossen blieb kaum noch etwas erkennbar; er zeigte sich konturlos, willig und pflichtgetreu, als Ausführender einer nicht von ihm zu verantwortenden Befehlsgewalt.«[7] »Schuld« oder »verantwortlich« wollte niemand sein, allenfalls »verführt«. Sie hatten im Zweifelsfall doch alle nur »ihre Pflicht getan«. Natürlich hatte das Naziregime nicht mit Einschüchterung und Terror gegeizt. Schon 1934 hatte es beispielsweise im Gesetz »gegen heimtückische Angriffe auf Staat und Partei und zum Schutz der Parteiuniform« unter anderem – weit auslegungsfähig – geheißen:

»Wer öffentlich gehässige, hetzerische oder von niedriger Gesinnung zeugende Äußerungen über leitende Persönlichkeiten des Staates oder der NSDAP, über ihre Anordnungen oder die von ihnen geschaffenen Einrichtungen macht, die geeignet sind, das Vertrauen des Volkes zur politischen Führung zu untergraben, wird mit Gefängnis bestraft.«

7 Franz Janka, Die braune Gesellschaft – ein Volk wird formatiert, Stuttgart 1997, S. 443.

Um Zeugen zur Aussage vor den Spruchkammern zu ermutigen, wurde die Akteneinsicht eingeschränkt. Gottlob Kamm erklärte dazu bei der Pressekonferenz am 17. September 1946: »Wenn wir alle anfallenden Akten dem Betroffenen oder seinem Verteidiger zeigen, dann werden wir bis in zwei Monaten niemand mehr bekommen, der uns die Wahrheit sagt, weil die Praxis ergeben hat, daß die Betroffenen dann sofort den Personen, die in den politischen Ausschüssen tätig sind, Vorbehalte machen, auch den Bürgermeistern in derselben Weise, sodaß für diese Personen eine große Gefahr besteht, wenn sie die Arbeitsblätter absolut sachlich und korrekt ausfüllen und die Wahrheit sagen.« So gab es einen vertraulichen und einen zugänglichen Teil der Akten.

Viele aktive Anhänger des besiegten nationalsozialistischen Regimes dienten sich den neuen »Herren« im Lande an, um daraus einen Vorteil zu ziehen. So geschah es nach allen Kriegen und Machtwechseln in der Geschichte – die »Wendehälse« im deutschen Vereinigungsprozess inbegriffen. Die Sieger und neuen Machthaber fielen allzu oft darauf herein – so auch manche Amerikaner im Nachkriegsdeutschland. Da stand beispielsweise in der Nachbarschaft der Kamms in Schorndorf die Lederwarenfabrik Breuninger. Die amerikanische Verwaltung setzte dort einen Treuhänder ein – ausgerechnet einen ehemaligen SS-Sturmbannführer. In der Stadt machte seine Geschichte die Runde: Der Mann sei vor dem Kriegsende in Italien zu den Amerikanern übergelaufen und habe für sie Agentendienste erfüllt. Als »Lohn« habe er den genannten Vertrauensposten bekommen. Das brachte die Kamms in Rage – und machte Gottlob Kamm deutlich, dass hier die Weichen für eine

Nachkriegsordnung, die mit den »alten« Verhältnissen brechen sollte, nicht richtig gestellt worden waren.

Natürlich blieb die Frage: Wie viele deutsche Bürger hatten wirklich hinter Hitler und seinem Regime gestanden? Gottlob Kamm selbst war überzeugt:

»Wir in der amerikanischen Zone müssen aber manchmal Leute durch das Gesetz zu Nationalsozialisten machen, die es nie waren. Wenn kleine Leute, die ein paar Monate in irgendeiner Organisation waren, zu Mitläufern erklärt werden müssen, so ist das einfach nicht richtig. Denken Sie an die Studenten, die gar keine andere Möglichkeit hatten, wenn sie studieren wollten, und die sich nach ein paar Monaten wieder loslösten, die müssen wir nachträglich durch unser Gesetz zu Nationalsozialisten machen, und das halte ich für falsch. Ich bin der Meinung, diese kleinen Menschen müssen wir herausnehmen können und es muß eine ganz andere Beurteilung Platz greifen. Grundsätzlich muß man in der amerikanischen Zone zu der Auffassung kommen: Wer nur formal Mitglied war, muß durch einen einfachen Sühnebescheid ohne weitere Erhebungen aus der Geschichte ausscheiden. Zweitens müssen wir dazu kommen, daß wir die aktivistischen Elemente, die zum Teil in den Interniertenlagern sitzen, möglichst rasch aburteilen ...«[8]

1938/40 habe sicher »die große Mehrheit der Nation an ihren Führer geglaubt«, meint Golo Mann.[9] Wohl eher ein Wunschbild versuchten während der nationalsozialistischen Herrschaft die Deutschland-Berichte der Sozialde-

8 In der Rede vor dem Landtag am 14. November 1946.

9 a. a. O., S. 971.

mokratischen Partei Deutschlands zu zeichnen, die vom Exilvorstand – zunächst von Prag, ab April/Mai 1938 von Paris aus – zusammengestellt worden waren. Von viel Widerstand war da zu lesen. Der Bericht des Exilvorstands der Sozialdemokratischen Partei vom März 1940 enthielt die folgenden Thesen und Vorhersagen:

»Der umfassende Terror zwingt die ›Volksgenossen‹, ihre wirkliche Stimmung zu verbergen, ihre tatsächliche Meinung zurückzuhalten und statt dessen Zustimmung und Zuversicht zu heucheln. Ja, er bringt offensichtlich immer mehr Menschen dazu, sich schon in ihrem Denken den Forderungen des Regimes anzupassen; sie wagen nicht mehr, sich vor sich selber Rechenschaft abzulegen. Diese äußere Schale der Loyalität, die sich so bildet, kann noch lange halten. Da keiner dem anderen traut und infolgedessen keiner vom anderen weiß, wie er wirklich denkt, kann sich unter dieser Schale ein langer Prozess der Aushöhlung und des Stimmungsverfalls abspielen, ohne daß dieser Prozess sichtbar wird – bis dann auf einmal auch die äußere Schale der Loyalität zerbricht. Plötzlich werden dann die Menschen in Deutschland entdecken, daß sie ›das‹ schon lange haben kommen sehen. Plötzlich werden dann auch viele Beobachter von außen, ja selbst von innen erkennen, daß sie sich über die moralische und geistige Verfassung Deutschlands getäuscht haben.«

In der Ausgabe vom Januar 1940 wurde unter der Überschrift »Rätselhaftes Deutschland« jedoch der Brief eines Amerikaners abgedruckt, der noch nach dem Kriegsausbruch als Geschäftsmann Deutschland bereiste und seine Analyse der Lage zum Besten gab:

»Manche Leute erzählten mir, 70 bis 90 Prozent der Bevölkerung seien gegen Hitler. Dahinter setze ich mein Fragezeichen, und zwar nicht nur aus deutschen Erfahrungen. In jedem Lande ist eine Mehrheit der Leute im Grunde politisch indifferent und passiv. Sie verteidigen die Regierung nicht, aber sie stürzen sie auch nicht. Das ist in Deutschland nicht anders. Ich glaube, daß vielleicht 60 Prozent dem System gleichgültig gegenüberstehen mit viel Kritik im Einzelnen, aber ohne jeden wirklichen Wunsch oder gar eine Aktivität, die Sache zu ändern; namentlich wollen sie keine Opfer bringen. Solange sie gut verdienen oder doch einigermaßen Geld machen, gehen sie ihren alltäglichen Weg. Bei einem Umsturz würden sie passiv sein oder sich rasch den neuen Herren anpassen. 20 Prozent sind aus irgendwelchen wirtschaftlichen und geistigen Gründen scharfe Gegner, ja Hasser des Systems und 20 Prozent würden es mit Gut und Blut verteidigen, meistens um ihrer eigenen Existenz willen. Das ist nicht eine sehr starke Basis in Zeiten wie jetzt, aber diese 20 Prozent haben alle Waffen und alle Macht, und das ist ihre Kraft ...«

Den Kreis zu weit gezogen

– Kontroversen bestimmen den Alltag des Ministers

Die meisten amerikanischen Besatzungsoffiziere und Soldaten brachten den Deutschen Skepsis und Misstrauen entgegen – doch auch in der umgekehrten Richtung wurde nach der ersten Freude über die Befreiung vom Hitler-Regime und das Ende des Krieges das Vertrauen auf harte Proben gestellt. Einmal trat eine Spruchkammer wegen der Praxis der Besatzungsmacht sogar in den Streik. Der Vorgang dokumentiert mehr als andere die Konfliktträchtigkeit der Entnazifizierung im Nachkriegsdeutschland. Schauplatz war die Spruchkammer in Heidenheim.

Die Wut der Angestellten entfachte sich an einem Urteil beim Nürnberger Juristenprozess, dem dritten Nachfolgeverfahren des Nürnberger Prozesses gegen die Hauptkriegsverbrecher. Als einer von 16 hohen Justizbeamten und Richtern des NS-Regimes saß Hermann Cuhorst auf der Anklagebank, der ehemalige Senatspräsident beim Sondergericht Stuttgart. Jahrgang 1899, hatte er sich früh als Gauredner hervorgetan und sich als fanatischer Anhänger der NSDAP zu erkennen gegeben. Seit 1937 leitete er den NS-Sondergerichtshof in Württemberg. Cuhorst war für

Hunderte von Urteilen verantwortlich gewesen – darunter waren sieben Todesurteile. Bei der Urteilsverkündung des Nürnberger Juristenprozesses am 3./4. Dezember 1947 sprachen ihn die vier prozessführenden amerikanischen Richter dennoch frei – ebenso wie drei weitere Angeklagte. Die US-Behörden hatten Cuhorst darüber hinaus freies Geleit in die Französische Zone zugesichert, wo er nicht belangt werden konnte. Aus Stuttgart lag dagegen ein Haftbefehl des Ministeriums für politische Befreiung vor, und auch in Nürnberg war ein solcher ausgestellt worden.

In einem ordentlich protokollierten Beschluss der Spruchkammer Heidenheim vom 9. Dezember 1947 ist nachzulesen: »Allen bei der Spruchkammer Mitarbeitenden ist es bekannt, wie schwer es ist, den Amerikanern den deutschen Standpunkt klar zu machen, daß zum Beispiel ein kleiner Amtsträger der Partei nicht Verantwortlicher im Sinne des Artikel 7 (Aktivist) sein muß. Umso mehr befremdet es und verletzt es das deutsche Rechtsgefühl, wenn ein Mann wie Cuhorst – ohne in das Verfahren einzudringen – mit Recht von der Bevölkerung als einer der Hauptschuldigen für die Verwirklichung des NS-Terrors in Württemberg angesehen, heute von dem Nürnberger Gerichtshof freigesprochen wird, zumal sich dieser Gerichtshof zur Aufgabe gemacht hat, international gültiges und bleibendes Menschenrecht zu setzen. – Die Spruchkammer Heidenheim, die immer für eine absolut gerechte Durchführung des Befreiungsgesetzes eingetreten ist, kann sich der Ansicht des Nürnberger Gerichtshofs im Hinblick auf die ihr gestellten Aufgaben nicht anschließen. Sie legt deshalb zum Protest gegen die Nichtbeachtung der von den

Spruchkammern Nürnberg und Stuttgart erlassenen Haftbefehle gegen Cuhorst ihre Arbeit am 10. 12. 1947 von 0–24 Uhr nieder.«

Natürlich erreichte auch Gottlob Kamm die Nachricht vom Ausgang des Verfahrens gegen Hermann Cuhorst. Seine Reaktion fiel ebenfalls harsch aus: Er schleuderte – zum vierten Mal übrigens seit Beginn seiner Amtszeit – sein Rücktrittsgesuch auf den Schreibtisch des Ministerpräsidenten Reinhold Maier. Der Ministerpräsident nahm den Rücktritt jedoch auch dieses Mal nicht an.

Gottlob Kamm war sich grundsätzlich sicher: Die Bedeutung des Gesetzes Nr. 104 könne »für die Zukunft der Deutschen in der US-Zone und für die Zukunft von ganz Deutschland nicht hoch genug eingeschätzt werden«. Es gehe um nicht weniger als um »die Wiedereinreihung Deutschlands in den Kreis der zivilisierten Völker«. Das Entnazifizierungsgesetz war für den sozialdemokratischen Minister eine »unerlässliche Vorbedingung für unseren Wiederaufstieg« – auch wenn »die Öffentlichkeit leider noch nicht so davon überzeugt« sei. Bei seiner Rede in Stuttgart-Wangen vom 12. September 1946 zog Gottlob Kamm einen simplen Vergleich: »Genau so, wie jetzt der Landwirt, wenn die Sonne scheint, seine gesamten Kräfte zusammenfassen muß, um die Ernte rechtzeitig in die Scheuer zu bringen, genau so müssen bei uns in Württemberg-Baden alle unbelasteten und befähigten Kräfte herangezogen werden, damit diese Aufgabe so rasch wie möglich erledigt werden kann.«

Vor Parteigenossen meinte Gottlob Kamm sogar einmal: »Ich sage jedem einzelnen, er solle jeden Abend, bevor er ins

Bett geht, Gott danken, daß er überhaupt in der amerikanischen Zone leben darf.« Immer wieder beteuerte der Minister öffentlich, dass das Verhältnis zwischen dem Ministerium und der Militärregierung »ein ausgezeichnetes« sei. Stets habe man Schwierigkeiten »in gegenseitiger Zusammenarbeit aus dem Wege geräumt«. Doch trotz dieser positiven Grundeinstellung gegenüber der Besatzungsmacht brachten unterschiedliche Auffassungen im Detail Gottlob Kamm im Alltag seiner Arbeit ständig auf Konfrontationskurs mit den Amerikanern.

Der Minister stand dabei unter ständigem Druck von allen Seiten. Einmal klagte er bei einer Besprechung im Länderrat: »Dadurch, daß wir nicht mehr frei sind und nicht nur der Militärregierung, sondern auch dem Parlament als Minister verantwortlich sind, kommen wir in eine sehr heikle Lage.« Die amerikanischen Militärbehörden wollten jedenfalls Erfolge bei der Entnazifizierung sehen und übten eine starke Kontrolle auf die Spruchkammern aus. So berichtete Gottlob Kamm am 30. Mai 1947 vor dem Landtag:

»Die Militärregierung überwacht die Sprüche nach wie vor. Es ist auch nicht so, daß unsere Spruchkammern, die ja aus dem Boden gestampft werden mußten, sich an der Vergangenheit orientieren könnten. Das Gesetz hat gar keine Vergangenheit, das ist einmalig in der Geschichte. Man kann auch nichts nachschlagen. Es ist ganz klar, daß dabei Kinderkrankheiten entstanden sind und daß die Kinderkrankheiten beseitigt werden mußten. Daraus ergibt sich, daß die Militärregierung sich heute noch vorbehält, jeden einzelnen Spruch nachzuprüfen, der auch bei uns nachgeprüft wird. Es ist nicht so, daß man sagen kann, diese Kassationen werden bei uns aus reiner Wollust gemacht, sondern es ist ganz einfach so, daß wir letztlich gezwungen sind, einen Spruch aufzuheben, wenn die Militärregierung diesen Spruch beanstandet und verlangt, daß dieser Spruch entweder in Ordnung gebracht oder aufgehoben wird, weil er dem Gesetz nicht entspricht.«

Häufig erreichten Gottlob Kamm Anfragen aus den Landratsämtern: Wie sollten sie sich verhalten, wenn einzelne Personen etwa einen Handwerksbetrieb eröffnen wollten, noch bevor ihr Fall von der zuständigen Spruchkammer behandelt worden war? Der Minister lehnte Ausnahmen in solchen Fällen strikt ab – schon deshalb, »weil ja die bereits bestehenden Betriebe unter Materialmangel und anderem mehr leiden«, wie er einmal erläuterte. Zugleich trieb Gottlob Kamm – ganz in der sozialdemokratischen Tradition – das Schicksal der »kleinen Leute« um.

Vor dem Landtag äußerte er am 14. November 1946 die Überzeugung: » ... den kleinen Leuten müssen wir nach meiner Auffassung möglichst bald Gerechtigkeit widerfahren lassen, und wer sie anders behandeln will, der wird einmal später, wenn die Dinge so weitergehen, wie sie sich zur Zeit entwickelt haben, gerne die Demokratie wieder aus dem Boden kratzen, weil durch unsere Unfähigkeit der Demokratie in entscheidender Zeit der schwerste Schaden selbst zugefügt wurde ...«

Kern des Unbehagens und wichtigster Punkt der Kritik des Ministers war das Berufsverbot, das die amerikanische Besatzungsmacht pauschal verhängt hatte. Vor dem Hintergrund seiner eigenen Erfahrungen im KZ empfand Gottlob Kamm das als ungerecht. Nur zu gut erinnerte er sich an seine Sorge um den Bestand des Bahnhofskiosks, von dem die Familie in ihrer Existenz abhängig gewesen war, und an seine verzweifelte Suche nach Arbeit nach der Entlassung aus der »Schutzhaft«. Hatte jemand nach allzu strengen Maßstäben Berufsverbot, so musste eine ganze Familie darunter leiden. Und damals im KZ hatte sich Gottlob Kamm geschworen: Schutzlose Frauen und Kinder sollten nicht unter dem Entzug der Existenzgrundlage für den Ernährer der Familie leiden.

Da war zum Beispiel der Fall des Schullehrers mit sieben Kindern, der Mitglied in der NSDAP gewesen war und sich direkt an den Minister wandte. Gottlob Kamm hatte den Mann vorher nicht gekannt, doch er schien ihm vertrauenswürdig. So sorgte er dafür, dass der Lehrer trotz seiner früheren Parteizugehörigkeit eine Arbeitserlaubnis erhielt. Die amerikanischen Behörden entzogen diese jedoch wieder. In der Familie Kamm erinnert man sich noch heute, wie der Schulmeister eines Tages im Hause des Ministers in Schorndorf anrief und über sein Schicksal lamentierte. Gottlob Kamm machte die Entscheidung der Besatzungsmacht wiederum rückgängig und stellte dem Mann ein weiteres Mal eine Arbeitserlaubnis aus.

Tatsächlich war in jenen Monaten in der deutschen Bevölkerung die Wahrnehmung verbreitet, dass die amerikanische Besatzungsmacht im Zuge einer kollektiven Bestrafung vielen Familien – unabhängig von der Schwere der Vorwürfe im Einzelfall – durch das Beschäftigungsverbot alle Einkommensmöglichkeiten entziehen wollte. Dadurch entstand eine Art »Wir-Gefühl«, das durch seine Opposition zur Besatzungsmacht die Aufarbeitung der Vergangenheit behinderte. In einem Bericht über den »Stand der Entnazifizierungsarbeiten« vom 26. Juni 1947 beschrieb Gottlob Kamm das Phänomen:

»Die Hauptursache des Dilemmas liegt darin, daß der Kreis der Betroffenen überhaupt, besonders aber hinsichtlich des Beschäftigungsverbots des Artikel 58 viel zu weit gezogen wurde. Die Auswirkung dieses Artikels wurde im August 1946 noch wesentlich verschärft, als alle vorläufigen Arbeitsgenehmigungen seitens der Militärregierung zurückgezogen wurden. Nicht nur, daß es damit aus menschlichen und wirtschaftlichen Erwägungen nicht mehr möglich wurde, die schwerer Belasteten zunächst zu behandeln, wurden auch alle vom Gesetz Betroffenen zu einer Schicksalsgemeinschaft zusammengeschlossen und ein äußerst bedenkliches Zusammengehörigkeitsgefühl erzeugt, weil alle von der härtesten Strafe, nämlich dem Beschäftigungs- und Tätigkeitsverbot erfaßt wurden und in Existenzgefahr gerieten. Die leichter oder nur formal belasteten aufbauwilligen Kräfte wurden damit zurückgestoßen, belastendes Material für die schwerer Betroffenen war dadurch von ihnen nicht mehr zu gewinnen.«

Wenige Wochen später, am 4. August 1947, äußerte sich der Minister erneut vor dem Landtag und warnte vor einer zu »allgemeinen« Auslegung des Gesetz Nr. 104:

»Ich habe schon einmal betont, daß, wenn man die Angehörigen dieser Betroffenen hinzurechnet, praktisch die Hälfte der Bevölkerung direkt oder indirekt vom Gesetz Nr. 104 in Mitleidenschaft gezogen ist. Hierdurch unterscheidet sich die durch das Befreiungsgesetz beabsichtigte ›legale Revolution‹ von einer normalen Revolution, die stets nur die Führungsschicht des überwundenen Systems beseitigt, nicht aber die breite Masse erfasst.«

Zu allem Überfluss entbrannte auch noch ein Sprachenstreit mit den amerikanischen Behörden – mit fatalen Folgen für die Urteile der Spruchkammern. Dabei ging es um die Übersetzung des englischen Wortes »shall«. Gottlob Kamm unterrichtete den Landtag davon bereits in der Sitzung vom 17. Januar 1947:

»Das Ministerium hat ... gemeinsam mit den Ländern Bayern und Hessen den Standpunkt vertreten, für die deutschen Richter sei nur der deutsche Text des Gesetzes maßgebend, Artikel 11 Absatz II Satz 1 enthalte für die Mindestdauer der Bewährungsfrist nur eine ›Soll‹-Vorschrift, nicht aber eine zwingende ›Muss‹-Vorschrift. Diese Auffassung stieß auf entschiedenen Widerstand der Militärregierung. Es wurde in den Länderratssitzungen vom 9. Oktober 1946 und 15. Januar 1947 offiziell den Befreiungsministern der beteiligten Länder eröffnet, dass der englische Gesetzestext maßgebend sei, nicht aber die deutsche Übersetzung. Diese Übersetzung sei fehlerhaft und irreführend, da nach dem von Herrn General Clay unterzeichneten und deshalb allein maßgeblichen Text die Bewährungsfrist des Artikel 11 Absatz II zwei Jahre mindestens betragen ›müsse‹, nicht nur betragen ›solle‹. Ein entsprechender Befehl des Herrn General Clay erklärte diese Auffassung für alle deutschen Stellen für verbindlich ... Es sind entsprechend dieser Weisung zahlreiche Berichtigungen zu früher ergangenen Sprüchen erfolgt. Sie mußten erfolgen, weil es von der Militärregierung verlangt wurde.«

Die Frage der Zuordnung zu den einzelnen Gruppen, die das Gesetz definierte, lieferte ständig reichlichen Konfliktstoff. Gottlob Kamm sparte bisweilen nicht mit harten Worten: Die Auffassung der amerikanischen Militärregierung, dass selbst Inhaber des kleinsten »Amtes« als Belastete oder Minderbelastete einzustufen seien, gehe »von einer einseitigen juristischen Betrachtungsweise unter Außerachtlassung aller soziologischen Gesichtspunkte aus und vergewaltigt dadurch die Gerechtigkeit«, erklärte der Minister in der Landtagsdebatte in Stuttgart vom 1. August 1947. Gottlob Kamm nannte Beispiele:

»Es ist auch in keiner Weise einzusehen, warum der Vereinsführer eines ländlichen Fußballvereins, oder warum ein Mann, der einige Zeit Beiträge der NSV kassierte oder als Wanderwart von ›Kraft durch Freude‹ in einem Betrieb von etwa zehn Mann fungierte oder der in der Kriegsopferversorgung, dem Reichsbund der Kinderreichen oder einer ähnlichen Organisation eine ganz untergeordnete Tätigkeit auf sozialem Gebiet ausübte, oder warum eine Frau, die als ›Frauenwalterin‹ in einer kleinen Behörde die praktisch nur auf dem Papier stehende Vertretung der Fraueninteressen innerhalb der Behörde übernommen hatte, heute in Klasse II eingestuft werden muß. Niemand hat diese Personen während des ›Dritten Reiches‹ allein wegen einer solchen Tätigkeit als Nazis angesehen. Gewiss bleibt ihnen die beschränkte Möglichkeit des Entlastungsbeweises. Aber erstens ist dieser schon wegen Abhandenkommens der Unterlagen oft schwer zu führen und außerdem ist ihnen bis zum Abschluß ihrer Verfahren unter Umständen ein großer Schaden zugefügt worden, insbesondere durch die zwangsläufige Entlassung aus aller nicht gewöhnlichen Arbeit gemäß Artikel 58; nach Durchführung ihres Verfahrens finden sie die frühere Stelle oft besetzt, Ersatzansprüche stehen ihnen gemäß Artikel 64 nicht zu, sodaß selbst Entlastete dauernde Schäden erleiden. Dass dies zu einer ungeheuren Verbitterung der Betroffenen führt und sie oft in Verkennung der wirklichen Zusammenhänge zu erbitterten Feinden der für das ihnen angetane Unrecht vermeintlich verantwortlichen ›Demokratie‹ macht, ist nur zu verständlich.«

Am 17. Juni 1947 sprach der Minister vor dem Landtag die Folgen an, wenn sich ehemalige Nationalsozialisten freiwillig »geoutet« hatten:

»Nach dem Einmarsch der Amerikaner haben sich bei uns in unserem Gebiet kleine Teile von Nationalsozialisten freiwillig für die Wiederaufbauarbeit zur Verfügung gestellt. Sie haben sich an der Wiederaufbauarbeit beteiligt oder aber sind in den Wald zur einfachen Arbeit gegangen. Bei diesen Leuten – ein anderer Teil hat das nicht getan – beträgt nun die Bewährungsfrist, die mit dem Spruchkammerurteil zu laufen beginnt, vier Jahre, während die anderen, die sich bisher um diese einfache Arbeit gedrückt haben, praktisch nur die Bewährungsfrist von zwei Jahren durchzumachen haben.«

Ganz pragmatisch waren die allgemeinen Überlegungen des Ministers hinsichtlich eines notwendigen Erfolgs der Demokratisierungsbemühungen im Nachkriegsdeutschland:

»Aber in der Verwaltung ist es doch wirklich so – sprechen wir dies ganz offen aus –: wenn in sie nicht ein Prozentsatz der geschulten Leute zurückkehren kann, dann geht unsere Verwaltung einfach zugrunde. Das ist vor dem deutschen Volke nicht zu verantworten, und die demokratischen Grundsätze, die man eigentlich durchführen will, leiden dadurch in der Verwaltung, daß wir lächerlich gemacht werden, weil zum Teil unbefähigte Leute in den letzten Jahren dort hereingenommen wurden, die der Demokratie mehr Schaden als Nutzen gebracht haben.«

Ungerecht erschienen Gottlob Kamm auch die Bestimmungen über die »Sühnegelder«. Laut Gesetz sollten Mitläufer einmalige oder laufende Geldbeiträge in einen Wiedergutmachungsfonds einzahlen. Nach einer Durchführungsverordnung schwankte das Sühnegeld zwischen 50 und 2000 Reichsmark. Die Höchstgrenze hatte General Clay festgesetzt. Der Minister hätte es lieber gesehen, wenn die Richter hätten frei entscheiden können – »weil manchmal die Sühne von 2000 Reichsmark bei einem wirtschaftlich Stärkeren als etwas zu niedrig bezeichnet werden muß«. Ein anderes Mal klagte er, dass »viele diese 2000 Reichsmark spielend leicht bezahlen können, während in ärmeren Kreisen schon 100 Reichsmark eine sehr schwere Belastung darstellen«. Und er fügte hinzu, »daß wir ja nicht dazu da sind, eine Finanzbereinigung vorzunehmen, sondern daß wir lediglich zu denazifizieren haben, daß uns also das Vermögen des Betreffenden im eigentlichen Sinne nichts angeht«.

Ein ganz anderes Konfliktthema war die »Kennkartenfrage«. Gottlob Kamm war ganz und gar nicht mit dem Artikel 51 des Gesetzes 104 einverstanden. Darin hieß es: »Nach rechtskräftiger Entscheidung durch die Kammern werden die Einreihung des Betroffenen und die von ihm verwirkten Sühnemaßnahmen in seinen Personalausweis und in ein hierfür angelegtes Register eingetragen. Das Register ist jedermann zur Einsicht offen.« Vor Parteigenossen argumentierte Gottlob Kamm Ende Oktober 1946:

»Ein solcher Eintrag, der nicht einmal bei einem kriminell Vorbestraften stattfindet, sollte bei einem politisch Belasteten auch nicht vorgenommen werden. Das verärgert nur und wir schaffen dadurch wieder Menschen zweiter Klasse, was wir nicht brauchen können. Wir haben im Länderrat bereits eine Abänderung des Gesetzes beantragt, es ist uns aber mitgeteilt worden, daß diesem Antrag von der Militärregierung nicht entsprochen wird. Damit werden wir uns nicht zufrieden geben, sondern ich werde weiter kämpfen, bis diese Eintragung in der Kennkarte verschwindet.«

Die unterschiedlichen Ziele, von denen einerseits die Alliierten, andererseits deutsche Politiker wie Gottlob Kamm ausgingen – nämlich hier die Bestrafung, dort der Wiederaufbau – hielten die Konflikte beständig am Kochen. Am 5. November 1946 erschien deshalb General Clay auf der Sitzung des Länderrates. Mit harschen Worten kanzelte er die deutschen Politiker ab:

»In technischer Hinsicht wurden unter Berücksichtigung der Schwierigkeiten, die bei der Zusammenstellung des Personals, des Beweismaterials und sonstigen Erfordernissen auftraten, zufriedenstellende Fortschritte erzielt. Ich wünschte, daß ich dasselbe sagen könnte über die Ergebnisse des Verfahrens, welches Sie aufgestellt haben. Ich kann nur sagen, daß wir bis heute über alle Ergebnisse äußerst enttäuscht sind und daß immer noch der politische Wille und die Entschlossenheit fehlen, diejenigen zu bestrafen, die eine Strafe verdient haben. Es kommt immer mehr zum Ausdruck, daß das Verfahren dazu dient, soviel Leute wie möglich in ihre früheren Beschäftigungen zurückzuführen anstatt die Schuldigen zu erfassen und zu bestrafen. Ich kann nicht verstehen, wie Sie Ihre Befähigung zur Selbstregierung und ihren demokratischen Willen beweisen wollen, wenn Sie vor der ersten unangenehmen und schwierigen Aufgabe, die Ihnen zufällt, zurückschrecken oder dieselbe zu umgehen suchen.«

Clay kam dann auf den eigentlichen Punkt: »Es ist mir vollkommen klar, daß der Wunsch besteht, den nominellen Nazi in die deutsche Wirtschaft wieder einzugliedern, um am Wiederaufbau derselben mitzuhelfen. Das war ja eines der Ziele dieses Gesetzes. Zu jener Zeit wie auch in der Zukunft muß dies jedoch an zweiter Stelle stehen gegenüber der Erfassung und Bestrafung derjenigen, welche die Nazigewaltherrschaft unterstützt und gefestigt haben.«

Clay unterstrich bei seinem Auftritt vor dem Länderrat die Entschlossenheit Amerikas, alle jene Personen aus gehobenen Stellungen zu entfernen, »welche die Welt ins Unglück gestürzt haben«. Noch für den gleichen Tag kündigte der General eine Anweisung an, dass Spruchkammern ohne Zustimmung der Militärregierungen niemanden in ein Amt zurück versetzen konnten, der zuvor von den Militärbehörden aus diesem entfernt worden war. Grund zu »Bedenken« gäben vor allem die großen Unterschiede in den Einstufungen durch die öffentlichen Kläger und die Richter in den Spruchkammern. So habe er selbst 575 Fälle überprüft, in denen der öffentliche Kläger eine Person als »Hauptschuldigen« eingestuft habe. Von diesen 575 Beschuldigten seien von den Spruchkammern dann aber 353 als Mitläufer, und 49 als »Entlastete« beurteilt worden.

Clay: »Ich bin nicht in der Lage gewesen, das entsprechende Beweismaterial in diesen Fällen zu prüfen. Ich muß annehmen, daß sie gemäß dem Gesetz als Schuldige der Klasse I bezeichnet wurden, weil sie hohe Stellungen in Nazi-Organisationen inne hatten. Ich könnte wohl verstehen, wenn die Einstufung in die Klasse 2 oder 3 erfolgt wäre. Es ist jedoch für mich schwierig zu verstehen, wie Personen, die bereit waren, hohe Ämter in der Partei zu bekleiden, jetzt als Mitläufer eingestuft werden können. Es ist kaum zu glauben, daß dieselben in derartig maßgeblichen Stellungen waren, ohne einen festen Glauben an den Nationalsozialismus zu haben oder wenigstens denselben anzuerkennen.«

Doch damit war es nicht genug. Clays Strafpredigt gipfelte in der Unterstellung: »Ein Grund, weshalb das Vollbrachte ungünstig beurteilt wird, mag darin bestehen, daß die Spruchkammern solchen Fällen, in denen wenig Beweise über die Schuld vorgelegen haben, den Vorzug gegeben haben in der eventuellen Annahme, daß das angeblich milde Vorgehen in Nazikreisen günstig aufgenommen wird. Diese Handhabung zeugt nicht von Mut.« Der General drohte, »daß die Militärregierung einem deutschen Volk, welches gezeigt hat, daß es nicht gewillt ist, eine Entnazifizierung im öffentlichen Leben durchzuführen, die Selbstverantwortung in der Regierung nicht mit gutem Gewissen zurückgeben kann«. Und er kündigte weiter an, die Arbeiten der Spruchkammern während der nächsten zwei Monate mit »besonderer Aufmerksamkeit« zu verfolgen.

Gottlob Kamm und sein Ministerkollege aus Bayern boten als Konsequenz der Rede unverzüglich ihren jeweiligen Kabinetten den Rücktritt an. Der Professor Dorn, der als zuständiger Referent Clays regelmäßig an den Sitzungen des Entnazifizierungs-Ausschusses teilnahm, traf an jenem Tag erst am Nachmittag ein, als Clay seine Rede bereits gehalten hatte. Er versuchte, zwischen beiden Seiten zu vermitteln – und erreichte von Clay Zusagen in der Frage der weniger belasteten Personen. Nachdem sich die Ministerpräsidenten hinter ihre Minister stellten, blieben beide im Amt.

Doch die Besatzungsbehörden mischten sich weiter in die Rechtsprechung der Deutschen ein. Bei der Landtagssitzung am 1. August 1947 klagte der Minister: »Die Militärregierung prüft auch jeden einzelnen Spruch nach und behält sich in jedem einzelnen Falle vor, jeden Spruch, der nach ihrer Auffassung nicht dem Gesetz entspricht, zu beanstanden.« Die amerikanische Verwaltung machte davon auch Gebrauch. Insbesondere in der Frage der Wiedereinstellung von »kleinen Leuten«, deren Los Gottlob Kamm besonders am Herzen lag, schieden sich immer wieder die Geister. Kamm berichtete dem Landtag:

»Aber auch die kleinen Amtsträger der Partei oder einer Gliederung, denen das Nürnberger Urteil ausdrücklich bestätigt hat, daß sie von den verbrecherischen Methoden der Partei im allgemeinen nichts gewußt haben, müßten von Fall zu Fall auch als Mitläufer betrachtet werden können. Da eine Einigung hierüber in Berlin nicht erzielt wurde, wurde von der OMGUS erklärt, daß die amerikanischen Stellen bei ihrer Auffassung blieben und ihre Folgerungen besonders bezüglich der Genehmigung von Wiedereinstellungen ziehen würden. Das bedeutet, daß die bisherige Praxis aller Spruchkammern im Ergebnis durch die amerikanische Überprüfung in allen genehmigungspflichtigen Fällen aufgehoben wird ... Die Rechtsunsicherheit im Spruchkammer-Verfahren ist dadurch noch erhöht worden, daß ein Teil der Spruchkammer-Urteile mindestens drei bis sechs Monate nach Inkrafttreten wieder aufgehoben wurde.«

So sah Gottlob Kamm seine politischen Vorstellungen ständig untergraben. Aber so schnell gab er nicht auf, und regelmäßig kam es deshalb zum Krach mit den Amerikanern. Die dringend notwendige Unterstützung von den anderen Entnazifizierungsministern in der amerikanischen Besatzungszone bekam der Minister allerdings kaum. Besonders ärgerte Gottlob Kamm das Verhalten seines bayerischen Kollegen Alfred Loritz. Dieser war Gründer der Wirtschaftlichen Aufbau-Vereinigung (WAV), die im Dezember 1946 bei den Wahlen zum bayerischen Landtag 13 Sitze erkämpft hatte und in der Koalition mit der CSU und der SPD im Kabinett des Ministerpräsidenten Hans Ehard als Staatsminister für Sonderaufgaben saß. In der Öffentlichkeit galt er bald als Politclown, »Der Spiegel« bezeichnete ihn als »Enfant terrible« des bayerischen Landtages. Das Nachrichtenmagazin berichtete über ihn: »Gleich nach seiner Ernennung stieß der neue Minister in die Eröffnungsfanfare und gab über Radio München eine proklamatische Erklärung ab, in der er alle Mitläufer als Opfer des Nazi-Terrors bezeichnete und den standhaften Volksgenossen, die nicht der Partei angehört haben, Belohnung und Auszeichnung verhieß.«

In den Sitzungen des Länderrates hinter verschlossenen Türen meldete sich Loritz jedoch kaum zu Wort. Unvergessen blieb für Gottlob Kamm eine dreitägige Sitzung des Rats im Frühjahr 1947. Wieder einmal hatte es Wortgefechte um Satz und Komma der amerikanischen Vorschriften gegeben. Streitpunkt war vor allem die Jugendamnestie, die Gottlob Kamm von Anfang an verlangte. Loritz beteiligte sich an der Diskussion nicht. Erst als am dritten Tag der amerikanische Verhandlungsführer nach Wünschen fragte, rührte sich der Ministerkollege aus Bayern: Wegen der Kälte in den Räumen des Ministeriums verlangte er von der US-Verwaltung drei Güterwaggons mit Koks.

Um seine politischen Vorstellungen bei der Entnazifizierung umzusetzen und um in der Bevölkerung für das Gesetz zu werben, suchte Gottlob Kamm auch die Unterstützung der Presse. Am 17. September 1946 berief er deshalb eine Pressekonferenz ein. Eindringlich beschwor er die Vertreter der Medien: »Das Gesetz muß populär gemacht werden und es ist daher die Aufgabe der Presse, unter allen Umständen die Denazifizierung bevorzugt in der Presse zu behandeln.«

Den Anlass zum Appell gaben Berichte, die aus der Sicht Gottlob Kamms diesem Ziel absolut nicht dienen konnten. So hatte der Rundfunk die Meldung verbreitet, dass in Heilbronn bis zu 60 Prozent aller Meldebogen falsche Angaben enthielten. Zu diesem Zeitpunkt waren die Meldebogen in der Stadt aber noch gar nicht ausgewertet.

Wie sollten sich die Medien aber für die Entnazifizierung einsetzen? Den anwesenden Journalisten empfahl der Minister: »Das kann man dadurch, daß man in regelmäßigen Abständen die Bevölkerung zur aktiven Mitarbeit aufruft und sie darauf hinweist, welche Folgen es haben könnte, wenn das Gesetz nicht so durchgeführt würde, wie wir es selbst wünschen. Wir alle haben doch ein Interesse daran, daß möglichst rasch in unsere Wirtschaft und in unsere Verwaltung wieder die Ruhe einkehrt, das heißt, daß die Beteiligten wissen, mit wem sie fernerhin rechnen können und mit wem nicht.«

Die Familie erlebte viele der Kontroversen hautnah mit. Denn wann immer Gottlob Kamm abends daheim weilte, wurden die aktuellen politischen Fragen diskutiert. Oft brachte der Minister hinter den eigenen vier Wänden seine Fassungslosigkeit darüber zum Ausdruck, wie »unpolitisch« seiner Meinung nach die amerikanischen Offiziere dachten und handelten, mit denen er zu tun hatte. Natürlich standen seine Frau Rosa und die Kinder in dieser Zeit voll und ganz hinter ihrem Ehemann und Vater.

Der Sohn Bertold sorgte in seinem jugendlichen Eifer allerdings für zusätzlichen Ärger. Voller Empörung über das Verhalten der Amerikaner schrieb er eines Tages ohne Wissen seines Vaters einen scharfen Leserbrief gegen die Politik der Besatzungsmacht und sandte ihn an die örtliche Zeitung. Schon am darauf folgenden Tag fuhr ein Jeep der amerikanischen Militärpolizei am Haus der Familie Kamm in Schorndorf vor. Die GIs holten Bertold ab und brachten ihn zu den amerikanischen Geheimdienstbehörden nach Stuttgart. Der Sohn sollte gestehen, dass der Vater Gottlob Kamm den Brief veranlasst hatte. Doch Bertold Kamm ließ sich nicht einschüchtern. »Solche Methoden wie Ihre kenne ich von der Gestapo«, war seine Feststellung, als ihn die Angestellten des Geheimdienstes bedrängten. Nach zwei Stunden gaben die Amerikaner auf und gestatteten dem Sohn des Ministers, nach Hause zu gehen. Aber Bertold Kamm bestand darauf: »Sie haben mich geholt, also müssen Sie mich auch zurückbringen«. So geschah es dann. Am nächsten Tag wurde Vater Gottlob Kamm zum Militärgouverneur gerufen. Doch statt der erwarteten Maßregelung sprach ihm dieser seine Anerkennung für den Mut des Sohnes aus.

Magda Maier, die Tochter des württembergisch-badischen Ministerpräsidenten, erinnerte sich an ein »Familienfest« im Winter 1946/47, bei dem auch der amerikanische Berater Fritz E. Oppenheimer – einer der geistigen Väter des Entnazifizierungsgesetzes Nr. 104 – und eben Gottlob Kamm zugegen waren. Die Maiers und die Oppenheimers kannten sich von England her. Für den 14-jährigen Fritz Oppenheimer war Großbritannien eine Zwischenstation bei der Auswanderung in die USA gewesen: Er hatte sich später der amerikanischen Armee angeschlossen und war 1945 als »Befreier« in seine alte Heimat zurückgekehrt. Den Gottlob Kamm hatte Magda Maier in Schorndorf schon öfter gesehen, und sie war nun neugierig, ihn persönlich kennen zu lernen. So saßen sie am festlich gedeckten Tisch, mit dem feinen Glas und Geschirr. Die Herren redeten, »irgendwie über Einzelheiten der Entnazifizierung«. Fritz Oppenheimer – sehr preußisch wirkend, und »der eigenen Bedeutung bewusst« – beharrte »auf dem Buchstaben, den Paragraphen«. So gab es Wort und Widerwort. Oppenheimer erschien »unglaublich geschliffen und gescheit, seiner Sache sicher«. Magda Maier: »Und plötzlich krachte etwas neben mir. Ich weiß nicht mehr, ob der Gottlob Kamm mit dem Stock auf den Tisch gehauen hat oder mit der Faust, ich hörte aber einen wütenden Ausruf: ›Aber das ist doch einfach unmenschlich!‹«

Wenn eine Auseinandersetzung mit der amerikanischen Verwaltung wieder einmal ausgestanden war, ließ sich Gottlob Kamm über das Wochenende nach Böhmenkirch auf die Schwäbische Alb fahren, wo sein Onkel eine Metzgerei und eine Gastwirtschaft unterhielt. Dort spielte er mit den Bauern, die vom Melken kamen, die ganze Nacht von Samstag auf Sonntag Binokel, bis die Kirchenglocken zum Hochamt riefen. Die Bauern gingen in die Kirche, Gottlob Kamm aber schlief eine Runde. Sobald die Bauern von der Messe zurückkamen, nahm das Spiel seinen Fortgang.

Die Tochter Anneliese erinnert sich an ein Erlebnis, als sich der Minister wieder einmal – tief verärgert über das Verhalten der Amerikaner – auf die Schwäbische Alb zurückgezogen hatte. Überraschend erschien Professor Dorn zu Besuch im Hause Kamm. Es war nicht ungewöhnlich, dass amerikanische Offiziere den Minister in Schorndorf aufsuchten – oft mussten sie dann warten, bis sich Gottlob Kamm Zeit für sie nahm. Dieses Mal war er aber gar nicht zuhause. Er habe den Vater nicht angetroffen und müsse ihn dringend sprechen, sagte Dorn der Tochter Anneliese, als diese nach seinem Klingeln die Haustüre öffnete. Eintreten ließ sie den Besucher aber nicht. Es kam zum folgenden Dialog:

Dorn: »Ich möchte Ihren Vater sprechen!«

Anneliese: »Mein Vater ist nicht da.«

Dorn: »Sie wissen, dass ich Ihr Haus durchsuchen könnte!«

Anneliese: »Bitte sehr, das können Sie ruhig machen.«

Dorn: »Wenn er nicht da ist, dann wissen Sie aber, wo er ist.«

Anneliese: »Ja, ich weiß, wo er ist. Aber Ihnen werde ich es bestimmt nicht sagen.«

Verärgert zog Professor Dorn ab. Später, als er nicht mehr beim Militär war, stattete Dorn der Familie Kamm noch einmal einen privaten Besuch ab. Niemand anderes habe es je gewagt, ihn derart abblitzen zu lassen, kommentierte er bei dieser Gelegenheit den Vorgang.

Der Jugend eine Chance

– Ein langer Weg zur Amnestie

Sein besonderes Augenmerk lenkte Gottlob Kamm auf die in der NS-Zeit aufgewachsenen Jugendlichen. Auf seiner Pressekonferenz vom 17. September 1946 erläuterte er den Journalisten seinen Standpunkt: Nämlich »daß die Jugend anders behandelt werden muß als dies beim Alter der Fall ist. Zwar fallen diejenigen auch in die Klasse II, die mit 18 Jahren, nachdem sie bei der Hitlerjugend waren, zur Partei kamen. Allein ich habe festgestellt, daß auch ein Teil dieser Jugendlichen, die beispielsweise in den Lehrerbildungsanstalten waren, automatisch in die Partei überführt wurde, und alle diejenigen, die ja an den Universitäten waren, konnten überhaupt nicht studieren, wenn sie nicht Parteimitglieder wurden. Die Jugend der letzten zwölf Jahre kann von uns nicht einfach abgeschrieben werden ... Wir dürfen der Jugend den Weg nicht verbauen, und wenn namentlich heute auch die politischen Parteien darüber klagen, daß die Jugend zu ihnen nicht in die Versammlungen kommt.« Sehr viel Verständnis spricht aus den Argumenten des Ministers: »Wer mit 17 einhalb Jahren zum Reichsarbeitsdienst, mit 18 Jahren zum Militär kam, wer in seiner Jugend bisher nur

Entbehrungen kannte, bei dem ist es in der Tat nicht verwunderlich, wenn er zunächst lieber den Tanzsaal als politische Versammlungen aufsucht, nachdem er in den letzten zwölf Jahren politische Reden gehört hat, die aber dann den Zusammenbruch herbei führten.«

Mit aller Energie setzte sich Gottlob Kamm für eine förmliche Jugendamnestie ein, denn es war ihm klar, dass insbesondere die Jugend unbelastet für den Wiederaufbau des Landes gewonnen werden musste. Dies schien ihm möglich, wenn »alle diejenigen, die heute in der Verwaltung und Regierung tätig sind, der Jugend mit gutem Beispiel vorangehen und ihr etwas vorleben«. Aber zugleich war es wichtig, alle förmlichen Verfahren gegen die jungen Männer und Frauen im Lande einzustellen. Wie bedeutsam das war, erlebte der Minister in der eigenen Familie, denn der Sohn Bertold brachte eine Braut ins Haus, auf die eine solche Amnestie anzuwenden war. Aber zunächst zu Bertold selbst.

Den Sohn hatten die Eltern Kamm nach seiner Heimkehr aus der Kriegsgefangenschaft gerade erst zum zweiten Mal geschenkt bekommen. Der Reichsarbeitsdienst hatte ihn vor Jahren von daheim erst nach Salzburg verschlagen. Weil er sich dort – ganz in der Tradition der frommen Mutter Rosa – illegal bei der katholischen Jugendbewegung engagiert hatte, war auch er, wie einst der Vater, am 14. April 1944 verhaftet und ins Hauptquartier der Gestapo nach Wien gebracht worden. Rund sieben Wochen dauerte seine Haft, anschließend schickte man den jungen Mann an die Westfront nach Belgien. Dort hatten ihn englische Truppen am 15. Oktober 1944 aus dem Schützengraben heraus festgenommen. Für die Eltern war er vermisst und es begannen viele bange Monate ohne jede Möglichkeit der Kommunikation.

Die Eltern erfuhren erst viel später, wie Bertold am zweiten Tag der Gefangenschaft von einem Geheimdienstoffizier vernommen wurde. Dieser wusste überraschend viel über sein bisheriges Leben, auch von der Verhaftung durch die Gestapo, und der Offizier teilte ihm mit, dass er dem Kreis der NS-Gegner zugerechnet würde. Nach wenigen Tagen wurde Bertold mit einem Truppentransporter ins Kriegsgefangenenlager 166 im mittelenglischen Bradford gebracht. Beim üblichen Appell in Fünferreihen erschien am 1. März 1945 der englische Kommandant auf dem zentralen Lagerplatz und befahl dem Gefangenen Kamm, vorzutreten. »Das ist euer neuer Lagerpfarrer«, lautete die Anordnung. Denn wirkliche Geistliche fehlten im Lager. Bertold Kamm tat »mit Energie und Courage seine Pflicht«, heißt es in einer später ausgestellten Bescheinigung.

Am 12. November 1946 war Bertold einer der Ersten, für die die Gefangenschaft bei den Briten endete. Der Vater hatte seine politischen Beziehungen spielen lassen, die von Dorn über Clay bis zum amerikanischen Außen-Staatssekretär Streng gingen, der wiederum bei den Briten zugunsten des Ministersohns intervenierte. Der junge Kamm erfuhr erst jetzt, dass der Vater ein Ministeramt bekleidete. Die Heimfahrt erfolgte zunächst mit dem Schiff nach Hamburg und von dort weiter mit dem Zug nach Heilbronn-Böckingen, ins Entlassungslager in der amerikanischen Zone. Mitten beim Rasieren – er war gerade zwei Stunden zuvor angekommen – wurde sein Name aufgerufen: Vater und

Mutter Kamm waren schon angereist und schlossen den Sohn glücklich in ihre Arme. Mit dem Dienstwagen des Gottlob Kamm, den die Mutter Rosa fuhr, machten sie sich auf den Weg nach Hause. Unterwegs musste Bertold die traurige Nachricht erfahren, dass sein Bruder Walter in der Zwischenzeit nach einem Blinddarmdurchbruch gestorben war. Dann eröffnete Gottlob Kamm seinem Sohn: »Heut' Abend hascht deine erste Versammlung bei der Partei.« Und als der Sohn meinte, er sei doch gar nicht Mitglied in der SPD, klärte ihn der Vater auf: »Des bist Du scho« – und überreichte ihm das frisch ausgestellte Parteibuch. Immerhin wies Gottlob Kamm seine Frau an, über Weinsberg zu fahren: »Da trinke mer etz a Viertele.« Es war für Bertold der erste Wein seit drei Jahren.

Der junge Kamm hatte trotz Haft und Gefangenschaft Glück gehabt, denn nach dem Ende des nationalsozialistischen Regimes war er nun völlig unbescholten. Schnell war er in die Arbeit der Partei eingebunden, und bald hatte er auch eine Braut: Ruth Spendel, geboren am 23. August 1924 in Niedobczyce im oberschlesischen Kreis Rybnik. Familie Spendel war später nach Beuthen gezogen, wo der Vater bei einer Grubengesellschaft Anstellung fand. Dort ging Ruth zur Schule. Mehrmals verteilte die Lehrerin im Unterricht Zettel, dass alle Mädchen in den BDM eintreten sollten. Mutter Spendel ignorierte dies zunächst, doch als sie deswegen fünf Reichsmark Strafe zahlen musste, trat ihre Tochter dem Bund bei (Mitgliedsnummer: 2 701 672). Am 1. September 1942, nach Vollendung des 18. Lebensjahres, wurde sie automatisch in die NSDAP übernommen (Mitgliedsnummer: 9 127 122). Sie arbeitete seit 1943 zunächst im

NSV-Kreisamt Rybnik als Büroangestellte, später bei den Blücherschächten der Fürst von Donnersmarck'schen Grubengesellschaft – drei Arbeitstage pro Woche für einen Monatslohn von 46,35 Reichsmark.

Die junge Ruth Spendel hatte eine wunderschöne Stimme und träumte von einer Karriere als Sängerin. Sie nahm in Kattowitz ein Musikstudium auf und wurde dem Fronttheater zugeteilt, das in den Lazaretten den verwundeten Soldaten aufspielte. Bei bunten Abenden sang sie manchmal die Rolle des »Ännchen« aus der Oper Freischütz, ein andermal Schlager wie den »Stern von Rio«. Die Leiterin des Frontheaters, die Fabrikantentochter Maria Bechtle, stammte aus Schorndorf und zog im Dezember 1944 mit ihren fünf Kindern zurück in ihre alte Heimat. Ende Januar folgte Ruth ihrer Einladung. So verschlug es sie und ihre Eltern nach Württemberg. Ihr Vater verdiente Geld als Waldarbeiter, sie selbst betätigte sich als Näherin. Nach dem Krieg hatte auch sie den üblichen Meldebogen auszufüllen. In den Auskunftszettel über sie attestierte Gottlob Kamm als Bürgermeister seiner künftigen Schwiegertochter: »Ist politisch nicht hervorgetreten. Über den Leumund ist Nachteiliges nicht bekannt.« Trotzdem lief das Verfahren unter dem Aktenzeichen 11/r./50/49/6450 wegen der Eintragung im NSDAP-Mitgliedsverzeichnis förmlich weiter, und an eine Karriere als Sängerin war nicht zu denken – wegen der Parteizugehörigkeit hatte Ruth Berufsverbot. Am 4. Oktober 1946 kam unter Bezugnahme auf die Amnestieverordnung für die Jugendlichen vom 6. August 1946 von der Spruchkammer Schorndorf der erlösende Bescheid: »Das Verfahren gegen Ruth Spendel ist eingestellt.«

Inzwischen hatte Bertold Kamm in Schorndorf ein Kabarett auf die Beine gestellt – die Gruppe nannte sich »Die Unentwegten«, und lud als »Spielgruppe der Jungsozialisten in der SPD Schorndorf und Esslingen« zu »Bunten Abenden« ein. Da brachte beispielsweise das Theaterstück »Uff'm Rothaus z' Bierabach« die »Lachmuskeln in Bewegung«, wie das Schwäbische Tagblatt schrieb. Als bei der Vorbereitung zu einer Veranstaltung die feste Sängerin ausfiel, sprang Ruth Spendel aus der Nachbarschaft ein – weil sie aber förmlich Berufsverbot hatte, trat sie unter dem Künstlernamen Ruth Römfeld auf. So lernten sich Bertold und Ruth kennen, und bald war die junge Spendel fest in die Familie Kamm einbezogen. Geheiratet haben sie am 12. Juli 1951.

Und da war noch der junge Gerd Hurek, den Gottlob Kamm in seinem Hause aufnahm. Sohn Bertold hatte ihn in englischer Kriegsgefangenschaft kennen gelernt, denn durch seine Tätigkeit als Lagerpfarrer bekam er natürlich intensiven Kontakt zu den Kameraden. Unter diesen war eben jener Gerd aus Oberschlesien, der wegen seiner stattlichen Größe zur Waffen-SS eingezogen worden war. Nun hatte Hurek große Angst, in die alte Heimat zurückgebracht und dort von den russischen Besatzern festgenommen zu werden. Bertold Kamm versuchte ihm die Angst zu nehmen und schlug ihm vor, bei der Entlassung als Heimatanschrift seine eigene Adresse in Schorndorf anzugeben. So stand der Leidensgenosse also ein gutes Jahr nach Bertolds Heimkehr eines Tages vor der Tür des Kamm'schen Hauses. Gastfreundlich wurde er in der Familie aufgenommen. Er blieb etwa ein Vierteljahr bei der Familie wohnen, bis er sich eine eigene Unterkunft leisten konnte. In Schorndorf lernte er ein Mädchen aus der Nachbarschaft kennen – Marianne Walliser, die er später heiratete. Mit ihr zog er nach Überlingen, wo er als gelernter Kfz-Mechaniker eine Tankstelle übernahm und 1994 verstarb.

Aber nicht nur in Kriegsgefangenschaft befanden sich viele Jugendliche: eine große Anzahl saß in den Internierungslagern der Alliierten. Erst eine Vereinbarung mit der Militärregierung, wonach Entlassungen beantragt werden konnten, wenn die Sühne voraussichtlich kürzer ausfiel als der bereits verbüßte Lageraufenthalt, brachte einigen von ihnen die lang ersehnte Freiheit. Eine wirkliche Entlastung wurde schließlich durch die am 6. August 1946 erlassene Jugendamnestie erreicht, die für alle Personen galt, die nach dem 1. Januar 1919 geboren worden waren. Die Durchführung dieser Amnestie geschah relativ zügig, denn natürlich brauchte man »für die Postkartenbescheide der nicht Betroffenen und für die Durchführung der Jugend-Amnestie kein besonderes geschultes juristisches Personal«, wie Gottlob Kamm einmal angesichts des chronischen Personalmangels in den Spruchkammern feststellte.

Der Jugendamnestie folgte eine Weihnachtsamnestie, die Kriegsbeschädigten und sozial Schwachen zugute kam. Dass er sich so vehement für die Jugendamnestie eingesetzt hatte, wurde später vor allen anderen Verdiensten Gottlob Kamms gewürdigt.

Die Internierungslager

– Tausende fehlen bei der »nutzbringenden Aufbauarbeit«

»Wir sind keine Verbrecher«, hatten die Männer in der Schmiede mit Kreide an die Wand geschrieben. Es war im Juni 1946, und Gottlob Kamm hatte erstmals die Gelegenheit bekommen, die von den Amerikanern eingerichteten Internierungslager zu inspizieren. Einer dieser Besuche führte ihn ins Lager Nummer 72 in Ludwigsburg. Rund 1800 Häftlinge waren hier untergebracht. Nach der Visite stand für den Minister fest: Diese Einrichtungen sollten so rasch wie möglich abgebaut werden. Später erinnerte er sich:

»Ich hielt es schon damals für verfehlt, daß in diesen Interniertenlagern teilweise bis zu 8000 Personen ohne Unterschied der Ränge untergebracht wurden, was sich mit der Länge der Zeit als nicht ungefährlich erwies. Aus meinen Erfahrungen, die ich vom Konzentrationslager her hatte, sah ich in dieser Zusammenballung den größten Fehler. Die gering Belasteten, die mit den schwer Belasteten zusammengelegt wurden, gaben den Unverbesserlichen immer wieder Gelegenheit, die Einsichtigen unter den Internierten wankend zu machen.«

In der Frage der Internierungslager stand Gottlob Kamm – wieder einmal – in einem Dauerstreit mit den US-Verwaltungsbehörden. Die Lager waren von den Amerikanern unmittelbar nach ihrem Einmarsch in Württemberg-Baden im April 1945 für alle Funktionäre der NSDAP und anderer Organisationen des nationalsozialistischen Regimes eingerichtet worden. In Ludwigsburg befanden sich drei Lager und ein Internierten-Hospital, dazu kamen Lager in Kornwestheim, Zuffenhausen und auf dem Hohenasperg. Ein weiteres Hospital wurde in Karlsruhe eingerichtet, kurzzeitig gab es außerdem ein Lager in Heilbronn.

Als »menschlich für untragbar« hielt Gottlob Kamm es insbesondere, dass Zivilisten die Lager nicht betreten durften – nicht einmal enge Angehörige, wenn ein Internierter schwer erkrankt war. Nach seinem Besuch in den Lagern suchte er deshalb unverzüglich den Ministerpräsidenten Reinhold Maier auf und bat ihn um eine gemeinsame Unterredung bei Oberst Dawson, dem Direktor der Militärregierung von Württemberg-Baden. Tatsächlich setzte sich Dawson anschließend bezüglich dieser Angelegenheit mit General Clay in Verbindung. Einige Wochen später gestatteten die Amerikaner, dass Schwerkranke unter bestimmten Bedingungen aus dem Lager entlassen werden konnten. Doch Gottlob Kamm setzte insgesamt alles daran, die Lager vollständig abzubauen. Er forcierte die Entlassung der Inhaftierten – »und zwar teilweise gegen den Befehl von OMGUS«, wie er am 7. November 1947 vor dem Landtag aussagte.

Immer wieder kam es in den Lagern zu Fluchtversuchen. Unter anderem konnte am 15. Mai 1947 eine Massenflucht aus dem Lager Ludwigsburg vereitelt werden. Sie beschäftigte anschließend auch den Landtag: Ehemalige SS-Angehörige hatten unbemerkt von einer unbenutzten Abortbaracke aus einen Stollen ins Freie gegraben. Der Stollen mündete an einer Böschung, die durch Gestrüpp geschützt war. Am Tag der Flucht, einer regnerischen, diesigen Nacht, gelangten zwischen ein und zwei Uhr insgesamt neun SS-Mitglieder ins Freie. Doch sie wurden von den Wachen entdeckt und unter Gewehrfeuer genommen. Zwei der Flüchtlinge wurden gefasst. Das Unternehmen war gescheitert.

Die Vernehmung der zwei gefangen genommenen Lagerinsassen brachte rasch Aufschluss über die Beweggründe für den Fluchtversuch. Wie der Minister Kamm später vor dem Landtag berichtete, war es die »Hoffnungslosigkeit ihrer Lage als Angehörige anderer Zonen, die weder durch die Lagerspruchkammer behandelt werden können, und deren Verlegung in die Heimatzone nicht in Aussicht stand. Dazu kommt die immer mehr wachsende Sorge um die Angehörigen«. Allerdings waren Fluchtversuche in Württemberg-Baden seltener als in anderen Gebieten. Bis Juni 1947 kamen hier auf 1000 Internierte 3,6 Fluchten, in Hessen waren es 15,5 und in Bayern 23,6.

Generell stellte sich die Frage, an welchem Ort die Internierten abgeurteilt werden sollten. Damit verband sich ein unlösbares Dilemma: In den Spruchkammern der Internierungslager war die Schuld oder Unschuld der Insassen eigentlich nicht festzustellen – das konnte nur im sozialen Umfeld, von den Nachbarn in den Heimatdörfern und -städten als Zeugen bewertet werden. Deshalb drängte Kamm darauf, die Beschuldigten dort vor die Spruchkammern zu stellen. Doch da war die andere Seite der Medaille: Im Dorf und in der Stadt kannte man sich allzu gut, und vielen war der soziale und oft sogar verwandtschaftliche Zusammenhalt wichtiger als die Aufdeckung der »Wahrheit«. So musste Kamm mit ansehen, wie sich das Sprichwort bewahrheitete: »Die Kleinen hängt man, die Großen lässt man laufen.« Manche »Große« konnten nicht zur Rechenschaft gezogen werden, weil es vor Ort »den Zeugen an Mut zur Wahrheit fehlt«.

Kamm vertrat dennoch gegenüber der Militärregierung entschieden den Standpunkt, dass für eine Verurteilung der Gefangenen die Spruchkammern in den jeweiligen Heimatorten zuständig sein sollten. Die Amerikaner bestanden ihrerseits auf der Einrichtung von Lager-Spruchkammern, wogegen Kamm sich letztendlich nicht durchsetzen konnte. Das bedeutete: Wenn man die Lager innerhalb von zwölf Monaten abbauen wollte und noch weitere Zugänge einkalkulierte, waren mindestens 50 Lager-Spruchkammern einzurichten. Angesichts der allgemeinen Personalknappheit war das aussichtslos.

Vor dem Länderrat berichtete Gottlob Kamm am 10. September 1946 seinen Kollegen:

»Was die Frage der Internierten-Lager anbelangt, so stehe ich grundsätzlich auf dem Standpunkt, daß es dem Sinn des Gesetzes widersprechen würde, wenn wir die kleinen Leute in öffentlicher Verhandlung vor den Spruchkammern aburteilen lassen, während die großen Nazis hinter verschlossenen Türen verhandelt werden. Ich habe mich deshalb in den letzten 8 Wochen auch dieser, teilweise von der Militärregierung mir angetragenen Aufgabe widersetzt und es ist uns nun zugestanden worden, daß zunächst einmal versuchsweise ein kleiner Prozentsatz dieser Schwerbetroffenen in den Heimatkreisen abgeurteilt werden kann. Dringend erwünscht ist es auch, daß der Automatik-Arrest bei den Interniertenlagern aufgehoben wird, damit auch diese Personen möglichst rasch vor die Spruchkammern gebracht werden können, um so dem rechtlosen Zustand ein Ende zu machen.«

Die Amerikaner verfügten nach einigen Monaten Besetzung immerhin, dass diejenigen Internierten zur Verhandlung vor ihrer Heimat-Spruchkammer aus den Lagern entlassen werden durften, die vor dem 1. September 1939 keine Parteiämter mehr innehatten oder vor diesem Zeitpunkt aus der SS wieder ausgetreten waren. Kamm empfand das immer noch als ungerecht, denn es bedeutete: Gerade jene Personen mussten im Lager verbleiben, die während des Krieges oft nur für wenige Monate beispielsweise als stellvertretende Ortsgruppenleiter eingesetzt worden waren und (so der Minister in einem späteren Dossier) »unter normalen Verhältnissen dies nie geworden wären – während diejenigen entlassen werden konnten, die erheblich mehr für die Gewaltherrschaft der NSDAP getan hatten«. Kamm argumentierte: »Wer weiß, unter welchen Umständen während des Krieges gerade dieser Personenkreis zur SS gezwungen wurde, kann verstehen, daß ich mich für die Freilassung dieser Jugendlichen besonders einsetzte.« Doch wenn solche Jugendliche in die Gruppe der Mitläufer eingereiht wurden, wurden die Urteile immer wieder von der Militärregierung beanstandet. So zogen sich die Entlassungen der Jugendlichen unendlich lange hin.

Auf der Grundlage seiner Maxime, sich für alle diejenigen besonders zu engagieren, die seiner Meinung nach durch die Inhaftierung in den Lagern unverhältnismäßig hart bestraft wurden, versuchte der Minister außerdem, das Los von Schwerbeschädigten und Frauen zu lindern. Noch im Dezember 1946 forderte er auf einer Tagung des Entnazifizierungs-Ausschusses in Berlin die Entlassung aller Versehrten mit mehr als 50 Prozent Beschädigung – möglichst noch zu Weihnachten dieses Jahres. Auch das Los der älteren Lagerinsassen lag Gottlob Kamm besonders am Herzen. Unter ihnen gab es manche, die sich aus irgendeinem Grund bei der NSDAP unbeliebt gemacht hatten und trotz vorgerückten Alters eingezogen worden waren. Zum Teil waren diese Bürger auch nur einer antifaschistischen Gesinnung verdächtig gewesen. Andere waren während des Krieges Ende 1943 oder 1944 von der Luftwaffe zur SS abkommandiert und als Lagerwachen in den Konzentrationslagern eingesetzt worden. Trotzdem wurden diese Personen oft bis zu zwei Jahren in den Internierungslagern festgehalten. In vielen derartigen Fällen konnten die Lager-Spruchkammern nur ein »Nicht-Betroffen« aussprechen. Doch die Verhandlungen zogen sich wie alle anderen oft über Monate hin. Kamm konnte schließlich mit der Militärregierung vereinbaren, dass diejenigen der genannten Personengruppe ohne Spruchkammer-Verfahren entlassen werden konnten, die nicht der Partei oder einer ihrer Gliederungen angehört hatten.

Kamm hielt es für einen weiteren grundsätzlichen Fehler der Amerikaner, dass die Internierten nicht sofort zu »nutzbringenden Aufbauarbeiten« herangezogen wurden. Angesichts der vielen Trümmer, die nach dem Krieg überall in den Städten zurückblieben, erschien ihm dies unverständlich. Gottlob Kamm wusste, dass beispielsweise die Stadt Heilbronn allein annähernd eine halbe Million Reichsmark für die Trümmerbeseitigung ausgeben musste. Statt die Lagerinsassen dort gezielt einzusetzen, ließen die Amerikaner sie in Werkstätten Spielsachen und kleinere Haushaltsgeräte aus Altmaterial herstellen. Diese Werkstätten reichten jedoch nicht aus, um auch nur die Hälfte der Internierten zu beschäftigen. Kamm war überzeugt:

»Nur der dient seinem Vaterland am meisten, der nach einer solchen Katastrophe, ohne viel Worte zu machen, mithilft, die Trümmer zu beseitigen. Wer aber die geistigen Trümmer in stiller Mitarbeit beseitigt, hilft nicht nur seinem Vaterland, sondern Europa, ja der ganzen Welt. Dann wird es nie mehr ein Konzentrationslager oder ein Interniertenlager geben, auch keinen Stacheldraht und keine Lager-Spruchkammer. Der neu zu bauende Staat verlangt von uns, nur die wirklichen Verbrecher und Unverbesserlichen abzusondern, alle anderen aber nach Ableistung ihrer Arbeitslagerzeit und ihrer Sühne als Gleichberechtigte wieder aufzunehmen, um so eine wirkliche Befriedung zu erreichen.«

Nach der Übernahme der Lager in deutsche Verwaltung Ende Oktober 1946 wurden die Internierten denn auch sofort für Außenarbeiten eingesetzt. Es sprach sich schnell herum, dass die Insassen der Lager gute Arbeit leisteten. Schon bald konnten die Anfragen der Behörden und der Firmen nach diesen Arbeitskräften nicht mehr voll befriedigt werden. Das Landesarbeitsamt wurde deshalb eingeschaltet, um die Dringlichkeit zu prüfen und die Zuweisung der Internierten zu Behörden und Firmen vorzunehmen. Daneben bestanden die Werkstätten in den Lagern, die Spielwaren und Haushaltsgegenstände anfertigten, weiter – letztere wurden der Flüchtlingsfürsorge zur Verfügung gestellt.

Auch die Militärverwaltung hatte Bedarf an Arbeitskräften. Die Amerikaner forderten beispielsweise im Juni 1947 genau 2000 Internierte für ihre Militäreinrichtungen in Gießen und Hanau sowie am Rhein-Main-Flughafen in Frankfurt an – Zimmerleute und Elektriker, Maurer und Dachdecker, aber auch Köche und Küchenhilfen, sowie 500 Handlanger. Sie sollten in die Lager zurückkehren, sobald die Arbeiten beendet waren, oder wenn ihr Fall vom Öffentlichen Ankläger bei den Spruchkammern anhängig gemacht würde. Im Mai 1947 hatten die US-Behörden freilich bereits in einem vertraulichen Aktenvermerk festgestellt: »Was das einheimische Arbeitsreservoir betrifft, so war die Nachfrage des Militärs nach kräftigen Arbeitern bei einigen Diensten in einigen Gebieten so groß, daß es die Versorgung wichtiger ziviler Industrien mit solchen Arbeitskräften beeinträchtigte.«

Um den weiterhin Inhaftierten das Leben im Lager weiter zu erleichtern, sorgte Gottlob Kamm dafür, dass nach der Übernahme der deutschen Verwaltung die Briefzensur wesentlich abgebaut wurde. Die Internierten konnten schließlich Besuche empfangen und bei besonderen Anlässen Urlaub gewährt bekommen. Zu Ostern 1948 erhielten so 434 Internierte drei Wochen lang Sonderurlaub.

Allerdings machte sich auch in den Lagern der chronische Personalmangel bemerkbar. Wegen der Fluchtgefahr verlangte es die Auflage der amerikanischen Verwaltungsstellen anfangs, dass auf fünf Internierte ein Wachmann kommen müsse. Rund 1500 Personen wurden dafür benötigt, die Militärregierung lehnte es aber ab, ausgebildete Polizisten einzusetzen. Dass sich bei der Anwerbung »ungeeignete Elemente« einschlichen, wie es Kamm später feststellte, war deshalb kaum zu verhindern. Schließlich konnte erreicht werden, dass das Verhältnis zwischen Insassen und Wachpersonen auf 10 : 1 festgesetzt wurde.

Dank des unermüdlichen Engagements von Gottlob Kamm konnte die Zahl der Internierten in den Lagern Württemberg-Badens langsam verringert werden. Bei der Übernahme der deutschen Verwaltung waren noch etwa 13 000 Menschen interniert, bis Ende Dezember 1946 sank diese Zahl auf 10 618. Im Jahre 1947 und Anfang 1948 fand ein Austausch der Internierten zwischen den einzelnen Ländern der amerikanischen und der anderen Zonen – mit Ausnahme der sowjetischen – statt. Noch einmal ergab sich dadurch ein Anstieg der Zahlen auf 12 116 Inhaftierte bis Ende Mai 1947. Ab diesem Zeitpunkt sanken die Zahlen jedoch ständig – auf 10 041 Ende August und 5089 Ende Dezember 1947. Ende März 1948 waren noch 3400 Personen in Württemberg-Baden interniert.

Bei aller Kritik an den Zuständen in den Internierungslagern im Einzelnen ließ Gottlob Kamm allerdings nie einen Zweifel daran, dass die Behandlung durch die Amerikaner den allgemeinen Maßstäben der Menschenwürde entsprach. Vehement wandte er sich aus gegebenem Anlass gegen eine »Flüsterpropaganda«, die die Interniertenlager den früheren KZ-Lagern gleich stellte.

»Ohne leiseste Ahnung«

– Kritische Stimmen zur Entnazifizierung

Viele der sehr kontroversen Diskussionen, die den Prozess der Entnazifizierung im Nachkriegsdeutschland begleiteten, sind heute vergessen. Kritik am politischen Vorgehen der Alliierten und auch an Gottlob Kamm kam aus den Kirchen, aus der Sozialdemokratischen Partei und nicht zuletzt aus Amerika selbst. Unter den Amerikanern war unter anderem die Politik umstritten, Spezialisten die Ausübung ihres angestammten Berufes zu verbieten. Der amerikanische Publizist Lochner stellte zum Thema Berufsverbot fest:

»Jeder einsichtsvolle Amerikaner, mit dem ich in Deutschland sprach, gibt zu, daß es sinnlos ist, fähige Leute zu hindern, ihre Fähigkeiten anzuwenden. Wenn man einen Eisenbahningenieur zwingt, Ziegel aus einem bombardierten Wohnhaus aufzuschichten, verbessert man keineswegs das Transportwesen, zu dessen Wiederaufbau dieser Ingenieur beitragen könnte, wenn er seine technischen Kenntnisse in die Waagschale werfen dürfte. Man sollte meinen, daß der gesunde Menschenverstand vorschreibt, jeder frühere Nazi (ausgenommen die kriminell Schuldigen und die Aktivisten) müsse in der deutschen Wirtschaft verwendet werden.

Es mutet wie eine Ironie an, daß Nazis zu einfachen Arbeitern degradiert werden sollen und dadurch aller Verantwortung ledig sind, ihr Land wirtschaftlich wieder auf die Beine zu bringen, während zur gleichen Zeit der ›siegreiche‹ amerikanische Steuerzahler tief in seine Tasche greifen muss, um Westdeutschland neues Leben zu spenden.«

Lochner sorgte mit seinem Bericht, den er nach einer Reise durch Deutschland zuerst in »Harpers Magazine« und anschließend per Datum 12. Oktober 1948 in der »Neuen Zeitung« – der »amerikanischen Zeitung für die deutsche Bevölkerung« im Verlag der Amerikanischen Armee – veröffentlichen konnte, für viel Aufsehen. Unter der Überschrift »Fehlschlag eines Gesetzes« war der Beitrag eine Generalabrechnung mit dem Entnazifizierungsprozess so wie ihn die US-Behörden verfolgten. Insbesondere widersprach die Zumutung an die deutschen Bürger, dass sie nach Artikel 34 des Entnazifizierungsgesetzes selbst die Beweise für ihre Unschuld herbeizubringen hatten, dem Rechtsempfinden vieler Amerikaner. Lochner schrieb: Es müsse jeden Amerikaner, der sich an die Grundbegriffe des angelsächsischen Rechts erinnere, empören, wenn er wüsste: »Das amerikanische Prinzip, daß ein Mann so lange als unschuldig gilt, bis seine Schuld erwiesen ist, gilt nicht in der besetzten Zone, die wir demokratisieren wollen.« Dabei wisse jeder, der je in einem totalitären Staat gelebt habe, »daß es fast unmöglich ist, unter solchen Verhältnissen weiterzuleben und -zuarbeiten, ohne irgendein Zugeständnis an die an der Macht befindliche Partei zu machen«. So werde »die Bitterkeit, die bei vielen Deutschen hervorgerufen wurde, nicht so bald verschwinden«. Im Fazit bedeute die Entnazifizierungspolitik, wie sie bisher ausgeübt wurde, »nach der einmütigen Ansicht von prominenten deutschen Antinazis und nach den Urteilen von Amerikanern bei der US-Militärregierung ... den größten Schaden für das Vertrauen in die Aufrichtigkeit der amerikanischen Besatzungsziele in Deutschland«.

In seiner Analyse stellte der amerikanische Publizist ferner fest: »Es ist eine der Tragödien der amerikanischen Entnazifizierung, daß wir diese Arbeit begannen, ohne die leiseste Ahnung, was diese Prozedur wirklich bedeuten würde. Ein früherer leitender Beamter der Entnazifizierungsabteilung bei OMGUS Berlin erzählte mir, daß man überrascht war, als sich herausstellte, welche Folgen die Ausführung des Gesetzes hatte. Viele Leute, die sich über die Entnazifizierungsprobleme Gedanken machten, forderten beim Erlass der Weihnachtsamnestie, dass alle Verfahren eingestellt werden sollten, mit Ausnahme derer gegen kriminelle und aktive Nazis. Wir hätten durch eine solche großzügige Geste die Herzen von Millionen Deutschen gewonnen. Aber mehr als ein Jahr verging, bis General Clay im März dieses Jahres eine Änderung des Verfahrens ankündigte.«

Wie Gottlob Kamm sah Lochner »einen der größten Fehler« darin, dass die Einstufung eines jeden Deutschen auf dessen Kennkarte vermerkt werden müsse. Das Ergebnis sei »genau das Gegenteil von dem, was unsere Denazifizierungs-Experten« zu erreichen hofften: Die Kennkarte wurde viel eher ein Mittel zur Renazifizierung als zur Denazifizierung.«

Der Autor des Berichts argumentiert: »Wir alle wissen, daß der Nazismus in Deutschland nicht ausgestorben ist.

Die Partei wurde zwar verboten und unter gewöhnlichen Verhältnissen wäre es nicht einfach, die Überbleibsel zu organisieren. Wir machen nun diese Arbeit für sie, und zwar auf eine ganz legale Weise. Wir bescheinigen einem Mann auf seiner Kennkarte, daß er als Nazi eingestuft wurde. Er braucht seinem Gesinnungsgenossen, der hierüber Zweifel hat, lediglich seine Kennkarte zu zeigen, und die beiden können sich wieder zusammentun.«

Mehr noch als solche kritischen Stimmen hatte die Tatsache Einfluss auf die Meinungsbildung im Nachkriegsdeutschland, dass das Gesetz Nr. 104 keine Unterstützung bei der Evangelischen Kirche fand. In einem Schreiben vom 26. April 1946 an die Militärregierung in Deutschland formulierte der Rat der EKD »ernste Zweifel« am Gesetz. Man könne nicht schweigen, hieß es darin, denn das Gesetz bringe »neue Schuld und neues Unrecht«. Natürlich war der Rat der EKD »nicht weniger als die Besatzungsmächte der Überzeugung, daß der Nationalsozialismus ein Verbrechen war und daß seine Grundsätze und ihre Anwendung immer von neuem zu Verbrechen führen müssen, von wem auch immer sie vertreten werden wollen«. Zugleich wurde aber Zweifel angemeldet, dass das Gesetz in allen Teilen »im Einklang mit dem natürlichen Gefühl für richtig und falsch« stehe. Es respektiere nicht alle grundlegenden rechtlichen Prinzipien, die die rechtliche Struktur zivilisierter Nationen charakterisieren.

Die Stellungnahme verweist darauf, dass das Gesetz Handlungen und Einstellungen rückwirkend bestrafe, aus einer Zeit lange vor dem Inkrafttreten des Gesetzes – eine Vorgehensweise, die Sieger häufig praktizierten.

Die weitere damalige Argumentation des Rates der EKD: »Außerdem wurden die Handlungen und Einstellungen, die jetzt verurteilt werden, vorher vom Gesetzgeber als rechtmäßig und gut bewertet. Dadurch wird das Gefühl für richtig und falsch erschüttert. Von Abhängigen wird erwartet, eine rechtliche Einsicht gehabt zu haben, die man von ihnen nicht erwarten kann. Eine Entwicklung, die am Ende alle Papiere und die Autorität des Staates üblen Zwecken dienlich machten, konnte zu einer Zeit schwerlich vorausgesehen werden, zu der die nationalsozialistische Regierung in diesem Land und in seinen diplomatischen Beziehungen mit ausländischen Staaten voll anerkannt waren, und zu denen allein die Kirche ernsthaften und offenen Widerstand leistete. ... Insgesamt entspricht das Gesetz für die Befreiung vom Nationalsozialismus und Militarismus nicht dem allgemeinen rechtlichen Prinzip, daß Bestrafung nur für eine Schuld verhängt werden kann, die von Menschen bewiesen werden kann ... Es ist für einen menschlichen Richter extrem schwierig, wenn nicht unmöglich, jemanden wegen seiner Überzeugung zu bestrafen.«

Gottlob Kamm kritisierte die Haltung der EKD heftig. Es handelte sich für ihn nicht um Bestrafung, sondern um Sühne. Solche hätte nicht den Zweck einer Vergeltung, sondern den der Vorbeugung – damit sich die nationalsozialistischen und militaristischen »Elemente« nicht wieder »im deutschen Volkskörper, in den führenden Stellen des Staates und der Wirtschaft, des geistigen Lebens festsetzen«, sagte er bei seiner Rede in Stuttgart-Wangen vom 12. September 1946. Zum anderen ermögliche das Gesetz eine Wiedergutmachung des an Menschen begangenen Unrechts.

Kamm konnte auch das Argument der EKD nicht akzeptieren, dass »die Handlungen und Einstellungen, die jetzt verurteilt werden, vorher vom Gesetzgeber als rechtmäßig und gut bewertet« worden seien. Der damalige Gesetzgeber, die Hitlerregierung, werde von dem Gesetz, nach dem die Spruchkammern zu urteilen hätten, nicht als rechtmäßige Obrigkeit anerkannt, sondern als »Gewaltherrschaft« gekennzeichnet. Dass sie dies war, auch wenn sie sich »zunächst auf scheinbar legalem Weg in die Macht eingeschlichen« habe, sei eine historisch bewiesene Tatsache. Fraglich könne nur sein, ob und in welchem Ausmaß der Einzelne dies erkannt hat oder hätte erkennen können. Kamm weiter in seiner Kritik an der EKD:

»Wir sollten ganz allgemein nicht so vergeßlich sein. Der Ruf ›Deutschland erwache, Jude verrecke‹ ist lange vor der Machtergreifung in den Straßen ertönt, die jetzt von Ruinen umsäumt sind. Und bereits in den Märztagen 1933 begannen die Konzentrationslager, darunter auch unser Heuberg, sich mit Menschen zu füllen, die ohne jeden Richterspruch dorthin verbracht wurden. Auch der 30. 6. 1934 war ein weithin sichtbares Zeichen, mit welchen Methoden jetzt in Deutschland regiert wurde. Und dann der Kirchenkampf. Ein Terrorakt reihte sich an den anderen. Gewiß: die breiten Massen des Deutschen Volkes haben die Untaten des Nationalsozialismus, wie sie heute im Nürnberger Prozess vor aller Welt aufgezeigt und bewiesen worden sind, nicht geahnt. Auch die PGs im allgemeinen nicht. Daß aber in Deutschland nicht mehr nach der Reichsverfassung, nicht mehr nach dem Gesetz, sondern ausschließlich nach politischer Zweckmäßigkeit und geheimen Richtlinien mit allen

Mitteln der einseitig gesteuerten Propaganda und des Terrors regiert wurde und in den unteren Regionen die Willkür des Ortsgruppen- und Kreisleiters entschied, wußte jeder Volks- und auch jeder Parteigenosse.«

Die Kirchlich-Theologische Sozietät in Württemberg lehnte die Haltung der EKD ebenfalls ausdrücklich ab. Nachdem General Clay in einer Rede vom 5. November 1946 bekannt gegeben hatte, dass sich die Militärregierung die Genehmigung zur Wiedereinstellung entlassener Personen nach einem erfolgten Spruchkammerentscheid vorbehalte, attackierte die Sozietät erneut die EKD: Die Kirche müsste sich selbst fragen, so hieß es da, »ob nicht die ganze bisherige Durchführung des Gesetzes völlig anders verlaufen wäre, wenn nicht auch die Kirche durch ihre Ablehnung des Gesetzes die innere Bereitschaft zur rechten Durchführung seiner Maßnahmen untergraben hätte«. Die Theologen sorgten sich zugleich, »ob diese Genehmigungspflicht nicht neben den Spruchkammerverfahren noch eine zweite und von diesem unabhängige Instanz zur Entnazifizierung setze und damit zu einer das Gesetz in Frage stellenden Rechtsunsicherheit führen müsse«.

Das Memorandum dokumentiert im Folgenden, wie die Ignoranz der Amerikaner gegenüber Verhältnissen, die sich aus einer ihnen fremden Tradition ableiteten, zu Missverständnissen und Konflikten führte. Als Beispiel für die »Diskrepanz«, dass »die amerikanischen und die deutschen Stellen notwendig von einer verschiedenen Sicht der Lage ausgingen und darum zu verschiedenen Maßnahmen kommen mußten«, schrieben die Autoren die folgende These nieder:

»Die Amerikaner gehen davon aus, daß 95 Prozent der deutschen Beamten sich den Nazis angeschlossen und diese begünstigt haben. Sie lassen sich dabei leiten von den amerikanischen Verhältnissen, wo bei jedem Regierungswechsel die ganze Beamtenschaft mit ausgewechselt wird und jeweils die Parteigänger des Präsidenten zum Zug kommen. Sie kennen kein Berufsbeamtentum wie in Deutschland, sondern nur eine politisierte Beamtenschaft. Die Deutschen dagegen wissen, daß der Eintritt der Beamten in die NSDAP in der Mehrzahl der Fälle nicht eine Parteigängerschaft für Adolf Hitler bedeutete, sondern die Folge eines für deutsche Verhältnisse völlig ungewöhnlichen gewaltsamen Versuches der Politisierung der Beamtenschaft, oder vielmehr die Abwehr des Berufsbeamtentums gegen diesen Versuch war. Man ging in die Partei nicht wegen deren Programm, sondern um sich trotz diesem Programm die Möglichkeit zu erhalten, seine Aufgaben als Beamter weiterhin und in gleicher Weise wie bisher zu erfüllen. Der durchschnittliche Beamte sah im nationalsozialistischen Staat zunächst einfach den Staat, wie er ihn bisher gekannt und ihm bisher gedient hatte und er stand in einem steten mühevollen und nicht ungefährlichen Abwehrkampf gegen die Eingriffe der Partei in den Staatsapparat. Das gilt vielleicht für Lehrer, welche die Ideen des nationalsozialistischen Staates von Berufs wegen propagieren mußten, nicht im selben Maß wie für Beamte der Verwaltung und der Justiz, welche sich leichter hinter das formale Recht verschanzen konnten. Aber im allgemeinen ist die große Zahl der Parteieintritte unter den Beamten von hier aus zu beurteilen.

Das hängt unmittelbar zusammen mit der wirtschaftlichen Lage der Beamten. Für die Amerikaner ist der Beamte ein Mann, der sich eine Zeitlang aus politischen Gründen engagiert, aber jederzeit auch wieder einen anderen Beruf ausüben kann. Das ist möglich durch die günstige wirtschaftliche Lage in Amerika, die weit mehr Berufsmöglichkeiten bietet, als auch und vor allem durch die weit weniger differenzierte Berufausbildung, die dort von dem Beamten verlangt wird. In Deutschland dagegen wird man von vornherein zu einem bestimmten Spezialberuf ausgebildet und die Übernahme eines Beamtenpostens ist zugleich eine Angelegenheit der Versorgung für das ganze Leben.«

Natürlich blieb die Aufgabe, die Gottlob Kamm zu erfüllen suchte, bis zum Schluss auch unter seinen Parteigenossen umstritten. Im französischen Württemberg-Hohenzollern war Fritz Erler einer der schärfsten Kritiker, die sich öffentlich gegen Ungerechtigkeiten im Prozess der Entnazifizierung äußerten. In einer Sitzung der Beratenden Landesversammlung vom 1. April 1947 brachte er die Überzeugung zum Ausdruck, dass es sich bei der Säuberung nicht um ein Problem des Strafrechts, sondern »um ein solches der Politik handelt«. Der vorgelegte Gesetzesentwurf erwecke »schwerste Bedenken«. Unter anderem beklagte Erler die »Schematisierung«: »Man soll die Säuberungsorgane nicht dazu zwingen, Menschen auf Grund ihrer Vergangenheit in bestimmte Gruppen gewaltsam hineinzupressen und ihnen nun auf Grund dieser Gruppenzuteilung eine bestimmte Maßnahme aufzuzwingen ...« »Besondere Bedenken« hatte auch er bezüglich der Behandlung der Jugendlichen. Erler zitierte schließlich aus einer nicht näher bezeichneten englischen Zeitung: »Anstatt ein umfassendes Demokratisierungsprogramm für eine Million Nazis vorzulegen, verliert man sich im Geist der Vergeltung und jongliert mit Entnazifizierungsentwürfen herum.«[10]

Eine Erschwernis beim Vollzug der Entnazifizierung war es, dass diese nicht – wie Kontrollratsgesetze auf anderem Gebiet – für alle Besatzungszonen einheitlich geregelt wurde. So »werden naturgemäß aktive Nationalsozialisten dort hingehen, wo sie eine mildere Behandlung erwarten können«, folgerte der Minister Kamm bei seiner Rede in Stuttgart-Wangen am 12. September 1946. Kamm:

»Solange man in der britischen Zone von den formal belasteten Mitläufern überhaupt nichts will, in der russischen Zone gleichfalls nichts will, ja, das steht einwandfrei fest, solange in der französischen Zone völlig anders denazifiziert wird, werden wir auch in der amerikanischen Zone nicht zu einer gerechten Denazifizierung kommen können. Denn, wenn einer morgen in die britische Zone abreisen kann, dann findet er andere Verhältnisse vor, als dies in der amerikanischen Zone der Fall ist. Wir haben keinerlei Möglichkeit, einen Auslieferungsantrag an die britische oder französische Zone zu stellen, daß der Betreffende wieder zurückzuführen ist. Ich sage also ausdrücklich, wenn die Denazifizierung gerecht sein soll, dann muß sie einheitlich durch ein Gesetz für alle vier Zonen durchgeführt werden.«[11]

Doch dazu kam es nicht.

10 Fritz Erler, Politik für Deutschland – eine Dokumentation, Stuttgart 1968, S. 58 ff.

11 Ebenda.

Der Coup von Heidenheim

– Gottlob Kamm trickst die Amerikaner aus

»Jetz hosch scho wieder Krach mit de Ami«, stellte Ehefrau Rosa lakonisch fest, als ihr Mann am Abend nach Hause kam und ihr von den Ereignissen des Tages berichtete. Am Morgen war der Minister wie gewohnt zur Arbeit gefahren. Kaum hatte er gegen 8.30 Uhr in seinem Amtssessel Platz genommen, als aus dem Vorzimmer unruhiges Stimmengewirr zu ihm drang. Schließlich öffnete Frau Bostel, seine treue und ergebene Sekretärin, aufgeregt die Tür. Doch bevor sie die Besucher anmelden konnte, wurde sie unsanft zur Seite gedrängt. Sechs amerikanische Militärpolizisten umringten Gottlob Kamm. Sie verlangten, dass der Minister ihnen sofort zum Militärgouverneur zu folgen habe.

Im Büro des Militärgouverneurs gab es eine erregte Auseinandersetzung. Der Vorwurf lautete, dass wieder so und so viele Nazis regelwidrig eine Arbeitserlaubnis erhalten hätten. Gottlob Kamm erwiderte wahrheitsgemäß: Es handle sich um Wissenschaftler, und in jedem Einzelfall könne er nachweisen, dass die Männer im demokratischen Ausland sofort arbeiten dürften. Der Minister ließ sich nicht von seiner Überzeugung abbringen: Unter diesen Umständen sei es reine Willkür, den Wissenschaftlern im eigenen Land die Arbeitsaufnahme zu verweigern. Noch am selben Tag wurde der Ministerpräsident Reinhold Maier in die Auseinandersetzung mit hineingezogen. Doch dieser stellte sich voll hinter seinen Minister. Die ganze Affäre verlief im Sande.

Begonnen hatte alles mit einer folgenschweren Begegnung im Sommer 1946. Natürlich war Gottlob Kamm der Name des Besuchers bekannt, den Frau Bostel eines Tages anmeldete. Professor Wilhelm Messerschmitt, der an jenem Tag bei Gottlob Kamm vorstellig wurde, war schließlich ein gefeierter Pionier der deutschen Luftfahrt gewesen. 1898 in Frankfurt am Main geboren und in Bamberg aufgewachsen, hatte Wilhelm Messerschmitt schon in seiner Jugendzeit seine Leidenschaft für Flugmodelle entdeckt. Erst baute er zwei Motorsegler-Modelle, 1925 folgte sein erstes echtes Motorflugzeug, die M 17. Messerschmitt verfeinerte das Modell ständig weiter. Die M 20 mit zwölf Sitzen, 1928 erstmals in der Luft, war mit 220 Stundenkilometern das schnellste Verkehrsflugzeug jener Zeit.

Bald war das Reichsluftfahrtministerium in Berlin auf Messerschmitt aufmerksam geworden, und die Militärs hatten seine Fähigkeiten für ihre Zwecke eingespannt. Seit 1935 wurde der leichte Jäger vom Typ Me 109 hergestellt, dessen Anfangsbuchstaben an den Konstrukteur Messerschmitt erinnerten. Mit allen Varianten wurden über die folgenden Jahre hinweg 35 000 Exemplare des Modells gebaut – so viele wie zuvor von keinem anderen Flugzeugtyp in der Geschichte der Luftfahrt. Mit der Me 163 war sogar 1941 erstmals ein Mensch in der Lage, schneller als 1000 Stundenkilometer zu fliegen. Wilhelm (»Willi«) Messerschmitt selbst wurde – ohne dass er, wie er beteuerte, vorher gefragt wurde – von den nationalsozialistischen Machthabern für seine Leistungen hoch geehrt. Darunter war die Ernennung zum Ehrenführer des Nationalsozialistischen Fliegerkorps. Nach den Kriterien des Gesetzes war Messerschmitt damit automatisch ein »belasteter« Mann.

Was Wilhelm Messerschmitt nach Württemberg-Baden führte, wusste Gottlob Kamm nicht, und das Gespräch zwischen den beiden Männern im Ministerium an diesem Sommertag 1946 blieb ohne Zeugen. Beide hatten sich nie zuvor getroffen, doch Wilhelm Messerschmitt konnte den Minister für sich gewinnen. Vertrauten berichtete Gottlob Kamm später, was ihm der berühmte Professor beizubringen versuchte: Er habe immer nur »tolle Flugzeuge« bauen wollen, die ganze Zeit über nur hinter seinem Schreibtisch gesessen, die Politik habe ihn dabei nicht interessiert. Ein Argument vor allem überzeugte Gottlob Kamm: Wilhelm Messerschmitt konnte mit schriftlichen Einladungen von mehr als 20 ausländischen Regierungen aufwarten. Der Wissenschaftler hätte in ihren Ländern sofort weiter arbeiten können, während er in Deutschland vom Berufsverbot betroffen war. Unter den ausländischen Arbeitsangeboten befanden sich unter anderem solche aus den USA, aus England und aus Frankreich.

Gottlob Kamms Überlegung war pragmatisch. Bei mehreren Gelegenheiten sagte er zu Verwandten und Freunden: »Wenn Sie für die Ami arbeite könne, könnet se bei uns scho lang und erst recht arbeite.« So verfügte der Minister die sofortige Aufhebung des Arbeitsverbotes für den Professor Messerschmitt und der Pionier der deutschen Luftfahrtgeschichte konnte sich wieder an die Arbeit begeben. Er entwickelte zunächst Konzepte für Kraftwerke, Fertighäuser und Nähmaschinen, konstruierte in den 50er-Jahren den legendären »Kabinenroller« mit seinem Namen – stark war die Ähnlichkeit des »Messerschmitt«-Pkw mit einem Flugzeugcockpit auf Rädern –, und setzte schließlich seine Arbeit als Flugzeugkonstrukteur fort. Auf die von ihm entwickelte Technik ging später der Lockheed »F-104 Starfighter« zurück. Messerschmitt starb mit 80 Jahren am 15. September 1978.

Der Fall des Professors Wilhelm Messerschmitt blieb nicht der einzige seiner Art. Im Zuständigkeitsbereich des Ministers Kamm lebten zu jener Zeit noch etliche andere Wissenschaftler in einer vergleichbaren Situation. Viele von ihnen hatte das Schicksal von der Firma Zeiss im thüringischen Jena nach Heidenheim verschlagen. Ursprünglich waren die vorrückenden amerikanischen Truppen am 13. April 1945 als erste in den Industriebetrieb in Jena gelangt. Doch nach dem Beschluss der im September 1944 gebildeten European Advisory Commission der Alliierten, der auf der Konferenz von Jalta im Februar 1945 bestätigt wurde, war klar: Thüringen sollte zur Sowjetischen Besatzungszone gehören. Anfang Juli sollte deshalb der Rückzug der Amerikaner beginnen. Die zweieinhalb Monate, die bis zu diesem Termin verblieben, nutzten die Amerikaner für eine gründliche Inventur. Etliche Kommissionen besuchten während dieser Wochen das Zeiss-Werk. Der Plan, einen Großteil der Werksanlagen ins bayerische Zwiesel zu verlagern, scheiterte freilich: Dafür wären rund 600 Eisenbahnwaggons notwendig gewesen, doch diese standen nicht zur Verfügung. Immerhin konnten sich die Amerikaner mehrere tausend Patentakten sichern – und das Wissen von rund 126 der wichtigsten Ingenieure. Die Mehrzahl dieser Ingenieure wurde am 23./24. Juni 1945 nach Heidenheim transportiert.

Dort – zunächst in der Polizeischule und später im »Frühlingsgarten« – hatten die amerikanischen Verwaltungsbehörden ein Auffanglager für Wissenschaftler aus Thüringen eingerichtet. Doch auf ihrem jeweiligen Fachgebiet betätigen durften sich die Insassen in diesem Quartier nicht. Im Februar 1946 erlaubte die Militärregierung wenigstens die Eröffnung eines »Optical Repair Shop«. Die Gründung der neuen Optischen Werke im benachbarten Oberkochen erfolgte erst am 4. Oktober 1946 in der leer stehenden Fabrik der Fritz Leitz GmbH. In der Zwischenzeit liefen die Abwerbungen aus dem Ausland auf vollen Touren.

Gottlob Kamm wurde auf das Problem der Wissenschaftler erst durch Messerschmitt aufmerksam. Er arrangierte ein gemeinsames Treffen mit dem Vorsitzenden der Spruchkammer in Heidenheim. Diese Position hatte Werner Kliefoth inne – auch er ein angesehener Professor und überdies ein Mann mit weitreichender Erfahrung. Werner Kliefoth wurde am 29. Juni 1901 in Hamburg geboren. Mit 25 Jahren ging er nach Breslau, wo er bis Januar 1945 lebte, erst als Studienrat, dann an der Universität als Professor der Physik. Am 22. Januar 1945 flüchtete Kliefoth zusammen mit seiner Frau Ilse – sie hatte in Breslau als Studienrätin gearbeitet – vor den anrückenden sowjetischen Truppen zunächst ins thüringische Schmölln. Bald ging ihre Flucht weiter und am 23. Juni erreichten beide Heidenheim. Natürlich wurde auch gegen den Professor aus Breslau eine Untersuchung eingeleitet, da er eine »wichtige Stellung im öffentlichen Leben einnimmt«, wie es in den Akten heißt. Beide Eheleute waren Mitglied im Deutschen Philologenverein gewesen, Werner dort sogar Vertrauensmann, bis der Verein 1933 in den NSLB überführt wurde. Aber alle Recherchen ergaben keinen Hinweis auf irgendeine politische Tätigkeit. So kam bald der Bescheid: Kliefoth war vom Gesetz »nicht betroffen«. Bereitwillig folgte er dem Ruf, bei der Spruchkammer an seinem neuen Wohnort Dienst zu tun. Am 20. Mai 1946 wurde die Spruchkammer in Heidenheim feierlich als erste in Nordwürttemberg-Baden in Anwesenheit des Oberst Dawson und des Ministers Kamm eröffnet.

Gottlob Kamm hielt den Physikprofessor für den fähigsten unter den Spruchkammer-Vorsitzenden. Zwischen beiden entwickelte sich bald eine Freundschaft, die weit über die dienstliche Zusammenarbeit hinausging. Auch außerhalb des Dienstes setzten sich die zwei Männer öfters privat zusammen.

Bei dem genannten gemeinsamen Treffen bat der Minister die beiden Professoren Messerschmitt und Kliefoth, möglichst rasch eine Liste aller Wissenschaftler zusammenzustellen, die es nach Württemberg-Baden verschlagen hatte und die Arbeitsangebote aus dem Ausland erhalten hatten. Rund 300 Namen standen am Ende auf der Liste. Diese Wissenschaftler lud Gottlob Kamm zu einem Treffen in Heidenheim ein.

Die Veranstaltung war eindeutig konspirativ. Der Minister ließ sich am angegebenen Abend mit vier Sekretärinnen aus dem Ministerium in die Stadt an der Brenz fahren. Schnell kam er zur Sache und unterbreitete den versammelten Wissenschaftlern den Vorschlag: Wer ein ausländisches Angebot bekommen habe und es vorlegen könne, der erhalte unverzüglich eine Arbeitserlaubnis auch für Deutschland. Stundenlang zog sich die Prüfung der Unterlagen hin. Und bis in die späte Nacht hinein waren die Sekretärinnen damit beschäftigt, den Wissenschaftlern gleich vor Ort die entsprechenden Papiere auszustellen.

Was Gottlob Kamm kaum wissen konnte: Er stieß mit seiner Aktion nicht nur in juristische Grenzbereiche vor, sondern kollidierte mit amerikanischen Plänen – nämlich die Kompetenzen der deutschen Wissenschaftler in die USA zu transferieren und dort zu nutzen. Rohstoffe aus dem Boden, begehrte Beute der Sieger in vielen Kriegen seit alten römischen Zeiten, gab es für die Alliierten aus dem besetzten Deutschland nicht zu holen – wohl aber den Rohstoff Wissen in den Köpfen der deutschen Wissenschaftler.

In einem geheimen Programm unter dem Titel »Operation Paperclip« (Operation Büroklammer) organisierten die Amerikaner die Auswanderung *(siehe Exkurs Seite 243)*. Dabei verzichteten die US-Behörden darauf, die Vergangenheit der Betroffenen zu überprüfen – genau das warfen sie aber dem Minister nach dessen Aktion in Heidenheim vor. Von der »operation paperclip« und den Einzelheiten der Abwerbung wusste Gottlob Kamm jedenfalls nichts. Das führte zwangsläufig zum Interessenkonflikt. Der

Handstreich des Ministers Kamm in Heidenheim wurde den amerikanischen Besatzungsbehörden jedenfalls schnell zugetragen – die Vorladung zum Militärgouverneur war die zwangsläufige Folge.

Tatsächlich konnte sich Gottlob Kamm formal im Recht fühlen. Das Gesetz Nr. 104 zur Befreiung von Nationalsozialismus und Militarismus vom 5. März 1946 ließ ihm nämlich Spielräume, auf die er sich in besonderen Fällen berufen konnte. Dort hieß es unter der Überschrift »Einstweilige Befreiungen« im Artikel 60:

»Der Minister für politische Befreiung kann die weitere Tätigkeit oder Weiterbeschäftigung unter den folgenden Voraussetzungen zeitweilig widerruflich genehmigen:

a) Die Weiterbeschäftigung oder weitere Tätigkeit muß wegen der Spezialkenntnisse des Betroffenen zur Aufrechterhaltung der öffentlichen Gesundheit oder Sicherheit unbedingt erforderlich sein;
b) es darf keine sachlich geeignete, politisch unbelastete Person verfügbar sein;
c) der Betroffene darf nicht zur Gruppe der Hauptschuldigen zählen;
d) er darf seine Stellung nicht lediglich der NSDAP verdanken;
e) er darf keinen Einfluß auf die Leitung und Geschäftspolitik des Betriebes, noch auf die Einstellung und Entlassung anderer haben;
f) sein Arbeitseinkommen darf in keinem Falle den Betrag von monatlich 500,– M übersteigen;
g) er muß so bald wie möglich durch einen politisch Unbelasteten ersetzt werden.«

Professor Werner Kliefoth blieb nicht allzu lange auf dem Posten in der Spruchkammer. Am 14. August 1947 wurde er zum ersten Oberbürgermeister der Stadt Heidenheim gewählt, bereits im April 1948 schied er jedoch auch aus diesem Amt aus. Kliefoth wurde später ins Kernforschungszentrum Geesthacht berufen, wo das Atomschiff »Otto Hahn« gebaut wurde. Er arbeitete als Honorarprofessor an der Universität Kiel und als Hauptschriftleiter der Zeitschrift »Atomkernphysik« und war Mitbegründer des Vereins Deutscher Werkzeugmaschinenfabriken. Zudem taucht sein Name auf der Teilnehmerliste mehrerer Pugwash-Konferenzen auf – den Treffen jener internationalen Vereinigung von Wissenschaftlern, die sich abseits der breiten Öffentlichkeit für die Abschaffung von Atomwaffen einsetzt und die zusammen mit ihrem Mitbegründer Sir Joseph Rotblat 1995 mit dem Friedensnobelpreis ausgezeichnet werden sollte. Kliefoth starb im Jahre 1969.

»Ärger mit dem Maier«

– Die Zustimmung zum Ermächtigungsgesetz holt die Politiker ein

Gottlob Kamm war stocksauer. Es klingelte schon wieder – diesmal war es das Telefon. Der Blick auf die Uhr zeigte ihm, dass es keine sechs Uhr war an diesem Morgen des 24. Januar 1947. Am Apparat war ein Korrespondent der Nachrichtenagentur Dena. Er bat den Minister um eine Stellungnahme. Gottlob Kamm versuchte den Journalisten zu überzeugen, dass es besser sei, angesichts der »hochpolitischen Bedeutung« der Angelegenheit nichts zu veröffentlichen. Doch der Agenturjournalist wusste: »In der Stuttgarter Zeitung wird die Sache schon gedruckt.«

Von der »Sache« hatte Gottlob Kamm erst um fünf Uhr früh erfahren. Da hatte es das erste Mal geklingelt – an der Haustür. Ein Bote stellte ihm einen Umschlag zu, der zwei Klageschriften enthielt: die eine gegen den Ministerpräsidenten Dr. Reinhold Maier, die andere gegen den »Kultminister« (Kultusminister) Wilhelm Simpfendörfer, Jahrgang 1888. Gezeichnet waren beide Schriftstücke vom Öffentlichen Kläger Franz Karl Maier. Beim Lesen der Unterschrift wäre Gottlob Kamm wohl am liebsten in seiner Wut aus der Haut gefahren.

Als der Journalist von der Nachrichtenagentur anrief, las der Minister gerade:

»Reinhold Maier ist hinreichend verdächtig, Belasteter zu sein, weil er durch Wort und Tat öffentlich durch Einsetzen seines persönlichen Ansehens und seiner Machtstellung im politischen Leben wesentlich zur Begründung der nationalsozialistischen Gewaltherrschaft beigetragen hat ... Wenn auch Reinhold Maier mit seiner Partei zahlenmäßig hinsichtlich der Reichstagssitze unbedeutend war, so kommt seiner Unterstützung des Ermächtigungsgesetzes doch eine wesentliche Bedeutung für die Begründung der nationalsozialistischen Gewaltherrschaft zu ... Es würde eine der nationalsozialistischen Willkür ebenbürtige Haltung sein, wenn der neue Staat einerseits die Parteigenossen von 1933 einem Sühneverfahren unterzieht und sie, bei der Beamtenschaft in besonders großem Ausmaß, aus ihren Stellungen entfernt, während gleichzeitig eine Person, die im Verhältnis zu einem Parteigenossen von 1933 größte persönliche Schuld und politische Verantwortlichkeit an der Begründung der nationalsozialistischen Gewaltherrschaft trägt, nicht nur dem gesetzlich angeordneten Verfahren entzogen werden soll, sondern dieser eine hohe Staatsstellung eingeräumt wird.«

Den Kultusminister Simpfendörfer, der nun der CDU angehörte, wollte Franz Karl Maier sogar in die Gruppe der Hauptschuldigen eingereiht sehen. Er warf ihm ebenfalls »außerordentliche Unterstützung der nationalsozialistischen Gewaltherrschaft« vor. Gleichlautend mit der Klageschrift gegen den Ministerpräsidenten hieß es, es komme Simpfendörfers Unterstützung des Ermächtigungsgesetzes »doch eine wesentliche Bedeutung für die Begründung der nationalsozialistischen Gewaltherrschaft zu«.

Gottlob Kamm waren die Vorwürfe nicht neu, sie waren vielmehr allseits bekannt und knüpften an das Verhalten der beiden Politiker bei der Abstimmung zum Ermächtigungsgesetz 1933 an. Beide waren damals Mitglied des Reichstages gewesen – Reinhold Maier 1932/33 für die Deutsche Staatspartei, Simpfendörfer seit 1930 für den »Volksdienst«. Neben Hitler und Göring hatten sich in der Debatte bei der Reichstagssitzung am 23. März 1933 in Berlin überhaupt nur fünf Abgeordnete zu Wort gemeldet. Darunter war Reinhold Maier mit der folgenden Rede:

»Das deutsche Volk hat am 5. März eine absolute Mehrheit der Rechten in den Reichstag gewählt und damit seinen Willen bekundet, die Führung seines Staates der gegenwärtigen Regierung anzuvertrauen. Wir hoffen und wünschen, daß das deutsche Volk unter der jetzigen Leitung seinen seit vierzehn Jahren zäh und opfervoll geführten Kampf um Freiheit und Wiedererstarken der deutschen Nation erfolgreich zu Ende bringen möge. Wir fühlen uns in den großen nationalen Zielen durchaus mit der Auffassung verbunden, wie sie heute vom Herrn Reichskanzler hier vorgetragen wurde.

Wir leugnen auch keineswegs, daß Notzeiten besondere Maßnahmen erfordern, und haben deswegen wiederholt Ermächtigungsgesetzen und Notverordnungen zugestimmt. Wir verstehen, daß die gegenwärtige Reichsregierung weitgehende Vollmachten verlangt, um ungestört arbeiten zu können. Wenn wir gleichwohl in dieser ernsten Stunde uns verpflichtet fühlen, Besorgnisse zum Ausdruck zu bringen, so gehen wir davon aus, daß auch der jetzigen Regierung eine sachliche und loyale Kritik ihrer Maßnahmen nicht unerwünscht sein wird. Wir vermissen in dem vorliegenden Gesetzentwurf, daß den verfassungsmäßigen Grundrechten des Volkes und den Grundlagen der bürgerlichen Rechtsordnung keine ausdrückliche Sicherung vor Eingriffen gegeben wurde. Unantastbar müssen vor allem bleiben die Unabhängigkeit der Gerichte, das Berufsbeamtentum und seine Rechte, das selbstbestimmende Koalitionsrecht der Berufe, die staatsbürgerliche Gleichberechtigung, die Freiheit von Kunst und Wissenschaft wie ihrer Lehre. Diese Werte, meine sehr verehrten Damen und Herren, sind Grundelemente jedes Gemeinschaftslebens in einem geordneten Rechtsstaat. Gerade sie wurden durch die Verfassung von Weimar aus der alten deutschen und aus der alten preußischen Tradition gerettet, und sie dürfen heute wie vor vierzehn Jahren nicht gefährdet werden.

Im Interesse von Volk und Vaterland und in der Erwartung einer gesetzmäßigen Entwicklung werden wir unsere ernsten Bedenken zurückstellen und dem Ermächtigungsgesetz zustimmen.«

Simpfendörfer hatte folgende Wortmeldung angeschlossen:

»Deutsche Männer und Frauen! Der Volksdienst bejaht die innen- und vor allem die außenpolitischen Ziele der Reichsregierung, die der Herr Reichskanzler heute vorgetragen hat. Er ist zu seinem Teil zu der Mitarbeit, die der Herr Reichskanzler in so eindrucksvoller Weise gefordert hat, bereit und gibt deshalb dem Ermächtigungsgesetz seine Zustimmung.«

Schon am 27. November 1946 hatte Franz Karl Maier in einem Artikel der Stuttgarter Zeitung das Abstimmungsverhalten des jetzigen Ministerpräsidenten und des Kultusministers zum Ermächtigungsgesetz 1933 angeprangert. Nach seiner Auffassung war das nicht nur ein Wortbruch gegenüber den Wählern gewesen, sondern es waren damit auch »Tatbestandsmerkmale der Hochverratsbestimmung« verbunden. Diesem ersten Artikel folgten weitere – daraus entwickelte sich im Laufe der Monate eine regelrechte Kampagne.

Andere Medien griffen den Fall auf, und auch die amerikanische Zeitung »The Stars and Stripes« berichtete ausführlich darüber. Die US-Militärbehörden verfolgten die Debatte mit Interesse. Sie betrachteten diese aber als eine »ausschließlich deutsche Angelegenheit«. In internen Papieren der amerikanischen Verwaltung wurde allerdings auf die Schwachstelle im Entnazifizierungsgesetz Nr. 104 hingewiesen: Dort war eine Zustimmung zum Ermächtigungsgesetz von 1933 nicht speziell als belastender Tatbestand erwähnt worden. Deshalb, so die Schlussfolgerung, sei es wünschenswert, »daß die Deutschen selbst die Klärung in die Hand nehmen«.

Als Sozialdemokrat konnte Gottlob Kamm das Verhalten seines Ministerpräsidenten und seines Kabinettskollegen nicht für gut heißen, doch persönlich wertete er die damalige Zustimmung zum Ermächtigungsgesetz als »politischen Irrtum« und als Feigheit. Beides schien ihm nicht strafbar zu sein. Der Minister wusste auch: Insgesamt saßen im Landtag von Württemberg-Baden in diesem Frühjahr 1947 sechs Männer, die 1933 im Reichstag dem Ermächtigungsgesetz zugestimmt hatten. Insbesondere die kommunistischen Abgeordneten im Stuttgarter Landtag nahmen freilich daran energisch Anstoß. Durch die Zustimmung zum Gesetz hätten die handelnden Personen »bewußt oder unbewußt der Gewaltorganisation des Nationalsozialismus den Weg mit frei gemacht«, hieß es in ihren Reden. Ein Argument war: Da wundern sich Zehntausende von Menschen über den Vorwurf, Mitläufer gewesen zu sein, während auf der anderen Seite führende politische Funktionäre ihre Zustimmung zum Ermächtigungsgesetz als harmlos hinstellen wollten.

Im Landtag wurde schließlich Einigung erzielt: Die Vorwürfe gegen Reinhold Maier und Simpfendörfer sollten in einem Untersuchungsausschuss geklärt werden. Doch neun Tage nach dessen Einsetzung unter dem Abgeordneten Herrmann Kessler von der DVP als Vorsitzenden brachte Franz Karl Maier die beiden Klageschriften gegen den Ministerpräsidenten und den Kultusminister bei der zuständigen Spruchkammer ein. Was Gottlob Kamm so sehr in Rage brachte, war die Eigenmächtigkeit des Öffentlichen Klägers. Daheim, im Familienkreis, schimpfte der Minister: »Das macht der doch nur, um die Auflage seines Käsblättles zu erhöhen.«

Mit dem »Käsblättle« war die Stuttgarter Zeitung gemeint. Franz Karl Maier war Jurist und Journalist und hatte von den US-Behörden die Lizenz zur Herausgabe der Zeitung erhalten. Gottlob Kamm war auf ihn bei seiner verzweifelten Suche nach unbelasteten Bürgern gestoßen, die das Personal in den Spruchkammern ergänzen sollten. So bekam Franz Karl Maier bereits am 17. Juli 1946 einen Bescheid zur Dienstverpflichtung als Öffentlicher Kläger, dem er aber nicht Folge leistete. Doch dann wurde der frühere Reichsbankpräsident und Reichswirtschaftsminister Hjalmar Schacht, der beim Internationalen Militärtribunal in Nürnberg zunächst frei gesprochen worden war, auf dem Gebiet von Württemberg-Baden erneut verhaftet. Franz Karl Maier wurde ein zweites Mal zur Mitarbeit aufgefordert, zumal der Minister Kamm gerade mehrere andere Personen bei der Spruchkammer Stuttgart wegen Korruptionsverdachts aus den Ämtern hatte entfernen müssen. Diesmal war Franz Karl Maier interessiert und bereit: Er wollte sich mit dem Fall Schacht befassen und war ab dem 13. Oktober 1946 als Öffentlicher Kläger dafür aktiv.

Sein dienstlicher Auftrag und seine Befugnisse beschränkten sich allerdings ausdrücklich darauf, das Verfahren gegen Schacht vorzubereiten. In seiner Stuttgarter Zeitung rechtfertigte sich Franz Karl Maier später: »Während der Bearbeitung der Sache Schacht hat sich ergeben, daß das Ermächtigungsgesetz nicht nur eine wesentliche Unterstützung bei der Begründung der nationalsozialistischen Gewaltherrschaft im Sinne des Befreiungsgesetzes bedeutete, sondern die ganze Art des Zustandekommen dieses Gesetzes einwandfreier Hochverrat an der Weimarer Verfassung war.«

»Auf einem solchen Weg kommen wir auf eine völlig schiefe Ebene«, wetterte der Minister Kamm bei einer außerordentlichen Kabinettssitzung am 27. Januar 1947, und er polterte weiter: »Die Demokratie ist bedroht, in der

Denazifikation gibt es einen Saustall!« Die Einreichung der Klageschriften verstieß in seinen Augen gegen die nötige Amtsdisziplin. Wie Kamm vor dem Landtag erklärte, sollten die Vorwürfe gegen Maier und Simpfendörfer zunächst ordnungsgemäß vom Untersuchungsausschuss geklärt werden. Der Minister war überzeugt: »Diese Entscheidung geht in ihrer Tragweite über die den Spruchkammern gestellte Aufgabe weit hinaus. Die Aufgabe des Untersuchungsausschusses konkurriert daher nicht mit der Aufgabe der Spruchkammern.«

Der ganze Zeitplan war durch die Einreichung der Klage und die Berichterstattung darüber, für die Franz Karl Maier sorgte, durchkreuzt worden. Gottlob Kamm warf Franz Karl Maier vor, »daß er zwischen seiner Tätigkeit als Öffentlicher Kläger, in der er an das Amtsgeheimnis gebunden ist, und seiner Journalistentätigkeit nicht zu unterscheiden wußte«. Die Vorwürfe gipfelten darin, dass es Franz Karl Maier »um die Befriedigung journalistischer Effekthascherei und um die Erzeugung politischer Unruhe im Volke« gegangen sei. Als »besonders peinlich« bezeichnete es Kamm später, dass die Klageschriften auch schon der US-Militärverwaltung zugestellt worden waren, noch bevor er sie selbst an jenem frühen Morgen des 24. Januar zu sehen bekam.

So wurde der Öffentliche Kläger Franz Karl Maier vom Minister unverzüglich seiner Aufgabe entbunden und aufgefordert, alle Akten vorzulegen. Gleichzeitig wies Kamm die Spruchkammer an, die Klageschriften zunächst nicht zu behandeln. Denn nach der Dienstaufsicht, die im »Befreiungsgesetz« festgeschrieben war, unterlagen sowohl die

Einleitung als auch die Durchführung eines jeden Verfahrens von Bedeutung der Überwachung und Beratung durch die Fachabteilungen des Ministeriums. Franz Karl Maier war nach der Auffassung des Ministers deshalb »nicht berechtigt, sich in seiner Eigenschaft als öffentlicher Kläger mit einem Verfahren gegen den Herrn Ministerpräsidenten Maier und Herrn Minister Simpfendörfer zu befassen. Er hat es trotzdem getan und hat damit eigenmächtig und pflichtwidrig gehandelt.« Gottlob Kamm beschuldigte Franz Karl Maier weiter, dass er die Einleitung des Verfahrens seiner Kenntnis »bewußt vorenthalten und entzogen« habe.

In der Landtagssitzung vom 29. Januar 1947 gab Gottlob Kamm außerhalb der Tagesordnung außerdem die folgende Erklärung ab, die seine Gedanken widerspiegelten:

»Es bedarf gerade in diesen Tagen und Wochen der vereinten Anstrengungen aller meiner Mitarbeiter, um zu beweisen, daß wir nicht nur mit Gerechtigkeitssinn, sondern auch mit Vernunft und politischer Reife ein Gesetz handhaben, das uns den Weg zur Demokratie erschließen soll ... Ich habe neben anderem, nicht weniger Wichtigem gefordert, daß endlich die drückende Last des Tätigkeitsverbotes von den nur nominell Belasteten genommen wird. Die Wiedererlangung der freien Arbeitsmöglichkeit ist für diese die Voraussetzung dafür, daß man sie warten lassen kann und die Kammern dafür frei werden, die wahren Belasteten endgültig der gerechten Sühne zuzuführen. Herr Franz Karl Maier wußte dies alles .... Aber gerade in dem Augenblick, wo es um diese und nicht minder wichtige, meine Landsleute berührende Fragen geht, klagt er eigenmächtig an. Er stört durch eine solche Disziplinlosigkeit nicht nur die Verfolgung meiner weitreichenden Bemühungen, statt mir zu helfen; mehr noch, er zerstört mühsam erworbenes politisches Vertrauen.«

Vor dem Ausschuss des Landtages verteidigte sich der Ministerpräsident Reinhold Maier mit der Einschätzung, dass der Reichstag an jenem Abstimmungstag 23. März 1933 »verschwunden« wäre, wenn keine Zustimmung zum Ermächtigungsgesetz erfolgt wäre. Eine »Sympathieerklärung zum Nationalsozialismus« sei das Votum nicht gewesen – zumal viele seiner damaligen politischen Mitstreiter entsprechend der »Abnützungstheorie« (schließlich hatten zwischen 1919 und 1933 in Deutschland »wie am laufenden Band« 19 Regierungen einander abgelöst) die Nationalsozialisten für nur kurze Dauer an der Macht sahen. Am 10. Februar 1947 berichtete Reinhold Maier vor dem Ausschuss:

»Wie wir in den Reichstag kamen, haben wir gesehen, daß wir absolut in eine Mausefalle kamen. Es war der Reichstag cerniert nicht nur von Tausenden, sondern von Zehntausenden von SA-Leuten. Der Reichstag war besetzt. Man konnte die Treppen nur durch eine ganz enge Gasse hinaufgehen. Rechts und links war eine Reihe SA-Leute aufgestellt und im Reichstagssitzungssaal kamen schätzungsweise auf jeden oppositionellen Abgeordneten – ich sehe auch die Jasager als oppositionelle Jasager an – zehn schwerbewaffnete SA- und SS-Leute, die direkt in unserem Rücken standen. An diesem Tag wäre der Reichstag aufgeflogen.«

Unterschiedlich blieben bei den Beratungen im Ausschuss die Meinungen, ob die Zustimmung das Regime Hitlers gefestigt habe, oder ob die Reichstagssitzung von der Nazi-Regierung nur als eine »Kulisse« verstanden worden war. Wog das Abstimmungsergebnis schwerwiegender als das spätere Paktieren ausländischer Staatsmänner und Politiker in Freundschafts- und Nichtangriffsverträgen mit dem Hitler-Regime? Unter den Zeugen vor dem Ausschuss sagte der spätere erste Bundespräsident Theodor Heuss aus. Dieser hatte 1933, wie Maier, ebenfalls für die DVP dem Reichstag angehört und das Ermächtigungsgesetz gebilligt. Nun hatte er im württembergisch-badischen Landtag seinen Sitz, im ersten Kabinett des Reinhold Maier war er – vor Simpfendörfer – sogar Kultusminister gewesen. Heuss erklärte in seiner Aussage: Die Abstimmung habe »nachher keinen Menschen politisch draußen interessiert«. Und er fügte hinzu: »Daß ein Nazi auf die Idee gekommen wäre, unsere Zustimmung als eine Stärkung moralisch oder sachlich anzusehen, diese hirnverrückte Idee ist erst seit Herrn Franz Karl Maier modern geworden.« Heuss wollte bei der Bewältigung der nationalsozialistischen Vergangenheit auch weniger eine »Kollektivschuld« als eine »Kollektivscham« gelten lassen, wie er in späteren Reden erklärte.

Noch während der Beratungen des Ausschusses befasste sich die Spruchkammer in Stuttgart dann doch mit dem Fall Reinhold Maier. Gottlob Kamm ordnete am 22. Februar 1947 entgegen seiner ersten Entscheidung an, dass der Schriftsatz des Franz Karl Maier vom 23. Januar formal als Klage anzusehen sei. Der Spruchkammervorsitzende Molt reichte die Klage an den neuen Öffentlichen Kläger Stumpp, den Nachfolger Franz Karl Maiers, zur Überarbeitung zurück. Denn – so die Erklärung – es fehle »an jeder

Begründung dafür«, warum der Betroffene nach dem Befreiungsgesetz Nr. 104 zur Verantwortung gezogen »werden soll und darf«. Dafür müsste die Klageschrift mit Beweismitteln versehen werden. Zur Frage der Abstimmung zum Ermächtigungsgesetz berief sich Molt auf die Weimarer Verfassung. Sie war zu keinem Zeitpunkt – also auch nicht durch die US-Militärregierung – außer Kraft gesetzt worden. Dort hieß es in Artikel 36: »Kein Mitglied des Reichstags oder eines Landtags darf zu irgendeiner Zeit wegen seiner Abstimmung oder wegen der in Ausübung seines Berufs getanen Äußerungen gerichtlich oder dienstlich verfolgt oder sonst außerhalb der Versammlung zur Verantwortung gezogen werden.«

»Mit Zustimmung des Herrn Minister für politische Befreiung Gottlob Kamm« nahm Stumpp als Konsequenz die Klage gegen Reinhold Maier am 13. Mai 1947 endgültig zurück. Der Ministerpräsident sei vom Gesetz nicht betroffen, er habe sich bei der Zustimmung zum Ermächtigungsgesetz »nicht von demokratiefeindlichen Bestrebungen« leiten lassen und daraus keine persönlichen Vorteile abgeleitet. Reinhold Maier habe nach Prüfung der Beweismittel schon vor 1933 »zu den schärfsten Gegnern des Nationalsozialismus« gehört und sei nie »Mitläufer« gewesen, hieß es in der Begründung.

Der Fall Simpfendörfer dagegen verlief ganz anders. Im Verlauf der Beratungen im Untersuchungsausschuss tauchten gegen ihn neue belastende Vorwürfe auf. So hatte Simpfendörfer in einem Beitrag der Zeitung »Christlicher Volksdienst« Hitler gepriesen, »in revolutionärem Elan das faule System von 1918 beseitigt« zu haben. Dem Kultusminister wurde weiter vorgehalten, in der Reichstagsfraktion der NSDAP als Hospitant aufgenommen worden zu sein – was dieser bestritt. Doch dann tauchte die Abschrift eines Telegramms vom 22. Februar 1933 an Hitler auf mit der Feststellung, dass sich der Christlich-Soziale Volksdienst unter der Führung Simpfendörfers »dafür einsetzt, daß Ihre [also Hitlers] Regierung im Kampf für Freiheit nach außen und Gerechtigkeit nach innen durch eine Zusammenfassung aller aufbauwilligen, nationalen Kräfte unterstützt wird«.

Am 19. März 1947 ließ die Stuttgarter Zeitung sprichwörtlich die Bombe platzen, indem sie einen Artikel von Simpfendörfer in der »christlich-deutschen« Sonntagszeitung »Evangelischer Weg« vom Wahltag vom 29. März 1936 nachdruckte. Dort hatte der jetzige Kultusminister von Württemberg-Baden unter anderem geschrieben:

»Deutschland und sein Führer verteidigen heute mit dem Lebensrecht des deutschen Volkes die Zukunft Europas ... Die Welt muß es wissen und sehen, daß die Christen Deutschlands in diesem schweren und entscheidungsvollen außenpolitischen Kampf entschlossen und opferbereit sich dem Führer zur Verfügung stellen ... Jede Stimme für Adolf Hitler ist am 29. März ein Bekenntnis zu echter Volks- und Schicksalsgemeinschaft, zur Ehre, Freiheit und Gleichberechtigung Deutschlands und ein Protest gegen den bösen Geist und die unmoralische Ordnung des Versailler Vertrages.«

War das etwa »nur« eine »Tarn-Erklärung« gewesen, um das christliche Blatt vor dem Verbot zu retten? Simpfendörfer blieb nichts anderes übrig, als am 25. März um seine Beurlaubung vom Ministeramt zu bitten.

Nach acht Sitzungen legten die zehn Mitglieder des Untersuchungsausschusses am 27. März 1947 ihren abschließenden Bericht vor. Mehrheitlich waren sie der Meinung, das Verhalten der Ja-Sager zum Ermächtigungsgesetz sei – wenn auch politisch ein Fehler und das Ergebnis von Fehleinschätzungen – »verständlich«. Bei einer Ablehnung des Gesetzes durch Reinhold Maier und Simpfendörfer wäre »die Gesamtentwicklung auch nicht anders verlaufen«. Umstritten blieb, ob den Ministern trotz ihres Ja-Worts zum Ermächtigungsgesetz das Vertrauen ausgesprochen werden sollte – doch das hätte der Spruchkammer vorgegriffen. Ebenso uneinheitlich war die Meinung, ob schon der Ausschuss weitere Fragen an einen Staatsgerichtshof vorgeben solle. Der Landtag nahm den Bericht in seiner Sitzung am 2. April 1947 nach Diskussion einstimmig zur Kenntnis. Weitergehende Anträge gab es nicht.

Der Fall Reinhold Maier war damit endgültig erledigt, im Fall Simpfendörfer lag der Ball nun bei der zuständigen Stuttgarter Spruchkammer mit ihrem neu eingesetzten Öffentlichen Kläger. Findige Journalisten stießen auf weiteres belastendes Material. So veröffentlichte eine Berliner Zeitung die Abschrift eines Briefes vom 3. Juli 1933, in dem Simpfendörfer mit drei anderen Abgeordneten um die Aufnahme »als Gäste« in die Reichstagsfraktion der NSDAP nachgesucht hatte. Simpfendörfer musste daraufhin seine Aussagen vor dem Ausschuss als »Irrtum« zurücknehmen. Für den neuen Öffentlichen Kläger Stumpp, dem Nachfolger Franz Karl Maiers, war klar, dass der Ex-Minister als Belasteter in die Gruppe II eingereiht gehörte – er beantragte deshalb beim Parlament am 15. Juli 1947 die Aufhebung von Simpfendörfers Immunität. Tatsächlich aber reihte die Spruchkammer Wilhelm Simpfendörfer am 22. September 1947 in die Kategorie der Minderbelasteten mit der Bewährungsgruppe III ein.

Gottlob Kamm hielt eine Überprüfung dieses Spruchs für notwendig. Im Berufungsverfahren entschied die Spruchkammer am 27. Februar 1948 aber sogar überraschend, dass Simpfendörfer im Sinne des Gesetzes 104 »nicht betroffen« sei. Bei einer Besprechung am 22. März drängten Vertreter der US-Militärregierung darauf, die Unterschiede in den Urteilen vom 22. September 1947 und 27. Februar 1948 auszuräumen. Am 13. August 1948 erklärte die Berufungskammer Stuttgart ihre Entscheidung endgültig als rechtskräftig. In einem Schreiben teilte der Ex-Minister am 2. Oktober 1948 dem Landtagspräsidium mit: »Damit ist meine Beurlaubung abgelaufen, und ich nehme meine Tätigkeit als Landtagsabgeordneter wieder auf.«

Die »Affäre Maier« wurde von manchen Zeitgenossen als »Tragikomödie«, von anderen als »schwäbischer Schildbürgerstreich« abgetan. Sie zeigt, wie brisant und politisch kontrovers manche Detailfragen der Entnazifizierung im Nachkriegsdeutschland waren. Der Kläger Franz Karl Maier, der dem Minister Kamm so viel Ärger verursacht hatte, ging anschließend nach Berlin, um dort den Tagesspiegel als Verleger zu übernehmen.

»Die Pflicht getan«

– Trotzdem gibt es noch viel zu tun

Der amerikanische Gebietskommandeur Dawson sagte einmal über Gottlob Kamm: »Er schlägt mit seinem Stock um sich, und wenn das nicht reicht, nimmt er auch noch sein Holzbein.« In diesem Zitat spiegelt sich das unermüdliche Engagement des sozialdemokratischen Politikers wieder. Gottlob Kamm war dabei überzeugt: Man müsse »das Ohr am Boden halten, wenn man zu all den Dingen Stellung nehmen will«. So war das Amt des Entnazifizierungs-Ministers für ihn kein Schreibtischjob. Gottlob Kamm legte stets viel Wert darauf, sich regelmäßig vor Ort ein Bild über die Situation und den Fortschritt bei der Entnazifizierung zu machen. Alle zwei Monate suchte er deshalb jede einzelne Kammer in seinem Zuständigkeitsbereich auf und besprach mit dem jeweiligen Landrat, dem Bürgermeister, den Vertretern der politischen Parteien und der Gewerkschaften »die Spruchkammer betreffenden Dinge«, um sich »so ein Urteil über die Volksmeinung zu bilden«, wie er einmal sagte. Neben der Erfüllung der Aufgaben als Minister engagierte sich Gottlob Kamm weiter in seiner Partei –

unzählige Abende waren gefüllt mit dem Besuch von Versammlungen.

Doch die Härte unablässiger Arbeit forderte ihren gesundheitlichen Tribut. Auch machte Gottlob Kamm zunehmend die Verletzung aus dem Ersten Weltkrieg zu schaffen. Ein Unfall zur Weihnachtszeit 1947 brachte ihm einen schweren Bluterguss am Stumpf ein und verstärkte seine Beinbeschwerden. Es war ein ganz dummes Missgeschick gewesen: Wie so häufig hatte er im Kreis der Familie seine Prothese abgeschnallt und hüpfte auf dem einen, gesunden Bein durch die Wohnung. Einen neuen Filzschuh hatte er geschenkt bekommen, den wollte er ausprobieren – mit der Tochter Ursel auf dem Arm. Doch die Türschwelle brachte ihn zu Fall. Die Folge war eine üble Verletzung am Stumpf. Die Schmerzen ließen kaum nach, und nachts war an Schlafen kaum zu denken.

Zum ersten Mal nach zwei Jahren ununterbrochener Tätigkeit musste Gottlob Kamm am 3. Februar 1948 den Präsidenten des Württembergisch-Badischen Landtags für den laufenden Monat um Beurlaubung bitten. Noch im selben Monat trat er endgültig von seinem Amt als »Befreiungsminister« zurück. An den Ministerpräsidenten Reinhold Maier schrieb er: »Wie ich Ihnen bereits gestern mündlich dargelegt habe, wünsche ich nicht, daß Sie bei der morgigen Tagung im Landtag, in der Sie meinem Rücktrittsgesuch stattgeben werden, mit Dankesworten auf meine bisherige Tätigkeit eingehen. Ich habe lediglich meine Pflicht gegenüber dem Volk in Württemberg-Baden getan und wünsche daher nicht, daß dies in irgendeiner Form zum Ausdruck gebracht wird.«

Manche Vertreter seiner eigenen Partei nahmen den Rücktritt Kamms mit Genugtuung zur Kenntnis. Natürlich hatte Gottlob Kamm in den eigenen Reihen Gegner, die pauschal kritisierten, dass er bei der Entnazifizierung »nicht scharf genug« vorgegangen sei. Viele kreideten ihm an, dass er manches frühere, »einfache« Mitglied der NSDAP eher schonend behandelte, wenn er überzeugt war, dass ein Berufsverbot für den Wiederaufbau schädlich sei.

Die amerikanische Militärverwaltung von Württemberg-Baden würdigte trotz mancher Kontroversen Gottlob Kamms Verdienste. Zur Verabschiedung schrieb ihm der Zivildirektor der Denazifizierungsabteilung, D. F. Andersen: »Ich bin sicher, daß Sie mit dem wohlverdienten Gefühl, etwas vollbracht zuhaben, ausscheiden, und es ist meine Hoffnung, daß die Bevölkerung dieses Landes an einem späteren Zeitpunkt erkennen wird, daß sie Ihnen für Ihre schwere und selbstlose Pflichterfüllung, die Sie in deren Interesse, sogar auf Kosten persönlicher Opfer ausführten, Dankbarkeit schuldig ist.«

Gleich nach seinem Rücktritt als Minister wollte Gottlob Kamm selbst ein Buch über seine Erlebnisse im Ministeramt schreiben. Eifrig sammelte er dazu Material, doch offensichtlich bekamen die US-Behörden Wind von seinen Absichten. So erschienen eines Nachmittags zwei Geheimdienstoffiziere im Hause Kamm, die Gottlob dringend sprechen wollten. Für Stunden zog man sich zusammen ins Wohnzimmer zurück. Was hinter verschlossenen Türen gesprochen wurde, blieb ohne Zeugen. Als die Besucher wieder gegangen waren, unterrichtete Gottlob Kamm die Familie: »Sie haben mir massiv gedroht. Sie sagen, sie würden Wege finden, mich politisch völlig kalt zu stellen, wenn ich meine Erfahrungen veröffentliche.« Der sozialdemokratische Politiker gab seinen Plan daher auf. Jahre später besuchten Gottlob Kamm drei andere Amerikaner. Sie hatten nun den entgegengesetzten Wunsch: Dass der ehemalige Entnazifizierungsminister von Württemberg-Baden doch seine Memoiren schreiben solle. Die Zeit sei reif dafür, und einen interessierten Verlag habe man bereits gefunden. Gottlob Kamm hörte sich das Anliegen der Männer an – aber inzwischen befand sich die Welt in der Phase des Kalten Krieges, und nun war er selbst überzeugt, dass eine Buchveröffentlichung aus seiner Hand schädlich sei. So verzichtete er erneut auf eine eigene publizistische Aufarbeitung der Entnazifizierung.

Die Rückkehr Gottlob Kamms ins Bürgermeisteramt in Schorndorf scheiterte: Bei der ersten demokratischen Wahl am 25. Mai 1948 unterlag er seinem Konkurrenten Emil Hayer. Es hatte zwar seine Popularität gefördert, dass Gottlob Kamm zum Beispiel in der Gaststätte »Im Elefanten« in Schorndorf trotz seines hohen politischen Amtes in der Landesregierung immer wieder die Nähe der »einfachen« Bürger suchte und dort gerne einen Schoppen Wein ausgab. Aber im Wahlkampf – in der nun wieder schärfer werdenden politischen Auseinandersetzung zwischen den politischen Parteien – war das kein Argument. Allzu viele Bürger wollten ihm für seine unpopulären Maßnahmen als Entnazifizierungsminister in der Landeshauptstadt Stuttgart eine politische Quittung verpassen. Die SPD, für die Kamm stand, war die Verliererin der Wahl.

Das ist die Wahrheit ....

Zeugnisse über die bisherige Tätigkeit des Bürgermeisters Gottlob Kamm

Oeffentliche Sitzung des Gemeinderats am 17. 1. 1946.

Gemeinderat **Dekan Josenhans** dankt dem Vorsitzenden im Namen des Gemeinderats für die weise, kluge, mäßige und immer zum Frieden redende Art und Weise, mit der er den Sitzungen präsendiert hat. Er scheide aus dem Gemeinderat mit Gefühlen der Wehmut und des Schmerzes aus, denn er habe bei allen Sitzungen immer das Gefühl gehabt, daß kein Mitglied des Gemeinderats mit seiner Meinung hinter dem Berg hätte halten müssen und dadurch hätte man eine ersprießliche Arbeit erst leisten können.

Gemeinderat **Hopf** in der öffentlichen Sitzung des Gemeinderats vom 7. 2. 1946.

Nach der Rede des Vorsitzenden, die 1 3/4 Stunden in Anspruch nahm, widmet ihm Gemeinderat H o p f im Namen sämtlicher Gemeinderatsmitglieder warme und herzliche Worte des Dankes. Er weist darauf hin, wie viel Arbeit und Nervenkraft, verbunden mit Überlegung, Diplomatie und Verhandlungskunst nötig waren, um all die Aufgaben zu meistern und die gefahrbringenden Klippen mit Sachlichkeit und Energie und mit viel Sachkunde zu umsteuern. Er spricht dem Vorsitzenden für seine bisher geleistete Arbeit auch den Dank der Einwohnerschaft Schorndorfs aus. Dieser Tätigkeitsbericht sei aber auch ein Stück Geschichte Schorndorfs und der Name Gottlob Kamm könne davor in allen Ehren bestehen.

Der Redner stellte nun den Antrag, diesen Rechenschaftsbericht in größeren Auszügen in der Presse zu veröffentlichen. Dies sei insofern nötig, um den Einwohnern unserer Stadt immer vor Augen zu halten, was gerade in der schwersten Zeit des Niedergangs Deutschlands auf dem Schorndorfer Rathaus geleistet worden sei.

Gemeinderat **Zeyher** spricht dem Vorsitzenden ebenfalls seinen, seiner Partei und der gesamten Bevölkerung Schorndorfs Dank für die umsichtige, kluge und weise Arbeit, die mit größter Ruhe und Überlegung geleistet worden sei, aus.

Oeffentliche Gemeinderatssitzung am 8. 3. 1946.
Bürgermeister Kamm wurde von sämtlichen anwesenden Gemeinderäten e i n s t i m m i g zum B ü r g e r m e i s t e r der Stadt Schorndorf gewählt.

Der neugewählte Bürgermeister wird nach Verkündung des Wahlergebnisses durch die Fraktionsvorsitzenden in den Sitzungssaal zurückgeholt. Der stellv. Bürgermeister, Gemeinderat Bacher eröffnet ihm, daß er einstimmig zum Bürgermeister unserer Stadt gewählt worden sei und spricht ihm den Dank für die bisher so umsichtige und von menschlichen Gefühlen geleistete Arbeit aus. Er bringt dabei zum Ausdruck, daß er von nun ab das Steuer des Schiffes unserer Stadt wieder in die Hände eines umsichtigen und sachkundigen, sowie ruhigen und besonnenen Steuermanns lege, der es, und das wisse er bestimmt, fertig bringen wird, alle die sichtbaren, und die erst in **s p ä t e r e r Z e i t** auftauchenden Klippen meisterhaft zu umfahren.

Oeffentliche Sitzung des Gemeinderats am 13. 1. 1948.
Der Fraktionsvorsitzende der DVP, Gemeinderat **Bacher** dankte im Namen der Rathausfraktion der Demokratischen Volkspartei dem Herrn Bürgermeister für seine aufopferungsvolle und erfolgreiche Tätigkeit. „Wir wußten ja alle, daß Sie in Ihrem Amt als Stadtoberhaupt — nach dem ungeheuren Zusammenbruch — vor schwere und schwerste Aufgaben gestellt werden, aber es war uns auch klar, daß Sie als energische, zielbewußte und verständnisvolle Persönlichkeit alle Schwierigkeiten überwinden.

Besondere Anerkennung und Dank verdient noch die Tatsache, daß Sie nach der Uebernahme des so außerordentlich wichtigen — mit großer Verantwortung beladenen Ministeriums für politische Befreiung — die Verwaltung der Stadt Schorndorf nicht im Stich ließen und trotz aller erschwerenden Umstände die Geschicke der Stadt mit führender Hand weiter leiteten.

Abschrift!

C a r l K o c h
Direktor a. D.

Schorndorf, den 4. 8. 1946

Sehr geehrter Herr Bürgermeister!

Ich möchte hiermit zugleich auch im Namen meiner Familienangehörigen meiner Freude und meinem Dank darüber Ausdruck geben, daß Sie den kleinlichen Anfeindungen nicht gefolgt sind und neben Ihrem großen Amt als Staatssekretär die Geschicke der Stadt weiterhin in Ihrer starken Hand behalten haben.

Was die Bürger der Stadt Schorndorf Ihnen dafür zu danken haben, werden auch diejenigen, die es bis jetzt nicht zu beurteilen vermögen, später einmal begreifen und anerkennen.

Ich begrüße Sie

hochachtungsvoll!
gez. Carl Koch.

Weitere derartige Zeugnisse können jederzeit vorgelegt werden.

Wer glaubt, daß ein Verwaltungsmann auf dem Schorndorfer Rathaus bessere Arbeit leisten kann, wie der bisherige Bürgermeister? In solchen schweren Zeiten brauchen wir auf dem Schorndorfer Rathaus einen Mann, der mit gesundem Menschenverstand, klarem Blick und Unerschrockenheit die Geschicke der Stadt lenkt. Für alle Schorndorfer, denen der Fortschritt in erster Linie am Herzen liegt, kann nur die Parole gelten:

Wählt am 11. April den bisherigen Bürgermeister Kamm

Der Wahlausschuß für Bürgermeister Kamm

Buchdruckerei A. Haushahn, Schorndorf

Wahlaufruf zur Bürgermeisterwahl in Schorndorf

Ende Juni stellte der Amtsarzt bei Gottlob Kamm Hinweise auf eine Herzmuskelschwäche fest und schrieb ihn für mindestens ein Vierteljahr – das heißt bis Ende September 1948 – »voll arbeitsunfähig«. Es folgte ein Kuraufenthalt in Wildbad. Erst am 11. Oktober 1948 konnte Gottlob Kamm wieder sein Landtagsmandat wahrnehmen, doch sein Gesundheitszustand verschlechterte sich immer wieder. Auch eine weitere Kur ab dem 15. Mai 1950 in Baden-Baden brachte nur eine vorübergehende Erholung.

Gottlob Kamm gehörte dem Landtag in Stuttgart trotz aller Beschwerden noch bis 1952 an. Natürlich gab es in diesen Monaten weitere Anfeindungen. Anfang 1950 wurde gegen ihn ein Verfahren wegen »Rechtsbeugung durch gnadenweisen Gebührenerlass« eingeleitet, das aber bald eingestellt wurde. »Bis zur Klärung dieser Beschuldigungen« bat der Abgeordnete Gottlob Kamm am 27. Februar 1950 erneut um Beurlaubung. Einen Antrag zur Aufhebung seiner Immunität lehnte der Landtag allerdings ab, und so setzte er seine Abgeordnetentätigkeit fort. Im Kreistag blieb er auch nach seinem Ausscheiden aus dem Landtag aktiv und leitete dort von 1959 bis 1967 die SPD-Fraktion. Unter anderem setzte er den Bau von Sonderschulen für Behinderte durch. Im Gemeinderat der Stadt Schorndorf behielt er ebenfalls bis 1966 seinen Sitz. In diesem Jahr wählte ihn der SPD-Kreisverband Waiblingen zum Ehrenvorsitzenden.

1950 übernahm Gottlob Kamm neben seinen politischen Mandaten als Arbeitsgerichtsrat die V. Kammer des Stuttgarter Arbeitsgerichts. 1953 wechselte er in die Leitung der Staatlichen Hauptfürsorgestelle Baden-Württemberg für Kriegsgeschädigte und Kriegshinterbliebene. Diese Funktion sollte er zehn Jahre lang, bis zu seiner Pensionierung, ausüben. Gottlob Kamm hätte auf der Karriereleiter in der Verwaltung sogar noch einmal weiter aufsteigen können. Aus Bonn kam eines Tages die Anfrage, ob er angesichts seiner Erfahrungen die Leitung der Abteilung zur Kriegsopferversorgung im Arbeitsministerium übernehmen wolle. Doch Kamm winkte ab: Er wollte in Baden-Württemberg bleiben und nicht ins ferne Bonn übersiedeln, denn hier gab es noch Weiteres zu tun. Zu einem besonderen Anliegen wurde ihm nun der Bau von Rehabilitationswerkstätten, von denen sich die Einrichtung in Heidelberg einen besonders guten Ruf erwerben sollte. Die Universität Heidelberg verlieh ihm deshalb den Titel eines Ehrensenators, und auch eine Straße wurde in der Stadt nach ihm benannt. Als »Vater der Kriegsopfer« wurde Gottlob Kamm mit der höchsten Auszeichnung des VdK, der Goldenen Ehrennadel, ausgezeichnet. Viele andere Ehrungen wie das Große Verdienstkreuz des Verdienstordens der Bundesrepublik Deutschland würdigten sein politisches Engagement. Seine Heimatstadt Schorndorf verlieh ihm die Ehrenbürgerwürde und benannte einen Platz nach ihm.

Auch nachdem Gottlob Kamm endgültig in den Ruhestand getreten war, hielt er an jedem ersten Samstag im Monat eine Bürgersprechstunde im Schorndorfer Rathaus ab, die stets überlaufen war. In einer Würdigung zu seinem 70. Geburtstag hieß es: »Täglich kommen aus allen Kreisen der Bevölkerung Bürger zu ihm, die Hilfe und Rat bei ihm suchen. Er ist praktisch noch immer der Anwalt der ärmeren Bevölkerung des Kreises Waiblingen.« Selbst im hohen Alter blieb der SPD-Politiker lernbegierig. So legte er mit

72 Jahren noch eine Prüfung zum Baurechtsbevollmächtigten ab, um einem Bittsteller helfen zu können.

Gottlob Kamm starb am 21. November 1973 im Alter von 76 Jahren in Schorndorf – kurz bevor er sich bei einer erneuten Kur von allen Strapazen erholen wollte. Ausgiebig wurden seine Leistungen gewürdigt. Redner bezeichneten ihn als Leitbild und als »prägende Kraft« in der baden-württembergischen SPD. Zum 10. Todestag schrieb der Historiker Günther Zollmann: »Mit unermüdlicher Arbeitskraft und ständigem Engagement setzte Gottlob Kamm seine Auffassung vom humanen Sozialismus in die Praxis um. Er war kein angenehmer, aber geradliniger Streiter für die soziale Gerechtigkeit, ein Praktiker und kein Pragmatiker – ihm war der Erfolg seiner Politik wichtiger als Ideologie.«

War die Arbeit aber ein Erfolg? Nach einer statistischen Bestandsaufnahme durch die Amerikaner waren am 31. Januar 1949 in der gesamten US-Zone genau 13 098 059 Personen nach dem Entnazifizierungsgesetz erfasst worden. Im einzelnen

- wurden 9 669 265 Männer und Frauen (73,8 Prozent) als »nicht strafbare« Fälle eingestuft,
- waren 2 475 420 deutsche Bürger (18,9 Prozent) – darunter vor allem Jugendliche – in den Genuss einer Amnestie ohne Gerichtsverfahren gekommen.

Insgesamt 904 565 Fälle (rund 7 Prozent) waren von den Spruchkammern entschieden worden. Das Ergebnis:

- 1561 Personen wurden als Hauptschuldige eingestuft,
- 21 277 als Belastete,
- 106 141 als Minderbelastete,
- 477 860 als Mitläufer.

Exakt 565 134 Mal wurde von den Kammern eine Strafe verhängt. 9392 Personen wurden in Arbeitslager gesteckt, weitere 122 854 bekamen ein Berufsverbot, 22 407 wurden von der Wählbarkeit in öffentliche Ämter ausgeschlossen, bei 25 230 Männern und Frauen wurde die Beschlagnahme von Vermögen verfügt, und 30 145 wurden zu Arbeit ohne gleichzeitige Haft verurteilt.

Doch die Frage nach dem Erfolg der Bemühungen Gottlob Kamms lässt sich mit der formalen Statistik allein nicht beantworten. Die eigentliche Problematik brachten die Autoren eines internen, undatierten Arbeitspapiers der US-Behörden zur Entnazifizierung in der Zeit zwischen Anfang 1948 und dem 30. April 1949 auf den Punkt:

»Zu Beginn sollte hervorgehoben werden, daß das Entnazifizierungsprogramm eine Tätigkeit ohne Präzedenzfall ist, und als solche ist auch kein Maßstab verfügbar, ihren Erfolg oder Mißerfolg zu beurteilen ... Man kann leicht begreifen, wann eine Entmilitarisierung erreicht ist. Dabei gibt es grundlegende physische Aspekte der Verwirklichung – die Auflösung von Militäreinheiten, die Zerstörung von Kriegsmaschinen, die Zerlegung von Kriegsfabriken, die Vernichtung von Kriegsmaterial, das Verbot von militärischem Training und zum Tragen militärischer Uniformen ... Wenn es aber um die Entnazifizierung geht, dann befassen wir uns, bei den Endzielen, mit etwas, das im Herz und Kopf des Menschen geschah. Und wir haben in der Demokratie kein Vorbild, bei dem wir Gesetze einrichteten und eine Überprüfungsmaschinerie eingesetzt hätten, um das Denken der Menschen zu kontrollieren.«

Der Sozialdemokrat Gottlob Kamm gab das Beste, was nur ein einzelner Mensch bei einer solchen Aufgabe leisten konnte. Er war ein unermüdlicher Streiter für die Entnazifizierung, aber er hatte Rahmenbedingungen, die ihm Grenzen setzten. Der SPD-Politiker Alex Möller stellte zum Thema Entnazifizierung fest: »Was die Arbeit so undankbar machte, war die Tatsache, daß bei den Alliierten Objektivität ebenso fehlte wie der Maßstab zu einer gerechten Einschätzung der Schuld oder der Nichtbetroffenheit der Beschuldigten. Daß sich die ›Säuberung‹ über Jahre erstreckte, zeigt die Schwierigkeit dieses Auftrags der Besatzungsmächte.« Möller hat sicherlich recht, wenn er weiter spekuliert: Hätte die amerikanische Militärregierung Änderungen am Gesetz – für die sich Gottlob Kamm immer wieder einsetzte – frühzeitig genehmigt, »so würde sich in der amerikanischen Zone die Ausfertigung von mindestens 300 000 Klageschriften und Urteilssprüchen durch die Spruchkammern erübrigt haben. Dadurch wäre es möglich gewesen, die Entnazifizierung innerhalb von 18 Monaten in erster und zweiter Instanz zu beenden«.[12] Doch der amerikanischen Verwaltung im besetzten Deutschland fehlte es am notwendigen Verständnis für die existenziellen Sorgen einer Bevölkerung, die vom nationalsozialistischen Regime in den Krieg getrieben worden war und ihr Land in Schutt und Asche sah.

12 Alex Möller, Genosse Generaldirektor, München/Zürich 1978, S. 44 f.

Unverbesserliche sterben nicht aus

– Die Neonazis erfordern Wachsamkeit

»Eine gefährliche Renazifizierung, die amerikanische Journalisten verkündeten, fand nicht statt ... Westdeutschland brachte keinen neuen Hitler an die Macht, so wie es Experten 1945 voraussagten.« So schrieb es der amerikanische Historiker Peterson. Auch die Szenarien im amerikanischen Geheimdienstdokument vom Oktober 1944 über einen »Nach-Niederlage-Plan« des Nazi-Regimes bewahrheiteten sich nicht. Dennoch bleibt festzustellen: Die Unverbesserlichen sind nicht ausgestorben. Die »braune Gefahr« ist bis in die Gegenwart hinein akut, und Wachsamkeit ist notwendig.

Gottlob Kamm formulierte bereits im September 1947 die Warnung: »Ich glaube, daß Totes nicht wieder lebendig wird, ich bezweifle auch, daß der Nationalsozialismus nach seinem Zusammenbruch tot war. Er lebt auch heute noch, er ist aber ein schlechtes Geschäft geworden. Nur durch seinen Misserfolg ist er diskreditiert worden; wäre er erfolgreich geblieben, die alte Anerkennung würde ihm nicht fehlen.«

Durch die Arbeit zur Umsetzung des Entnazifizierungsgesetzes setzten Männer wie Gottlob Kamm alles daran, die

Relikte des Hitlerschen Machtapparates im Nachkriegsdeutschland auszumerzen. Doch die Nachhaltigkeit der Bemühungen blieb angesichts der unzulänglichen Ausstattung des Justizapparates sowie der mangelhaften Unterstützung durch die Masse der Bevölkerung – verursacht durch manch falsche Ansätze wie das undifferenzierte Berufsverbot – begrenzt. Einen Hinweis darauf liefert ein als »geheim« gekennzeichnetes Dossier der amerikanischen Militärverwaltung, das die Entwicklung in Württemberg-Baden im Zeitraum zwischen dem 1. April und dem 30. September 1948 untersuchte. Demnach stieg in den sechs Monaten nach Gottlob Kamms Ausscheiden aus dem Ministeramt der Anteil von ehemaligen Nazis in Wahlämtern von 17,8 auf 33,4 Prozent. In Positionen des höheren Dienstes nahm ihr Anteil sogar von 47,9 auf 56,4 Prozent, im gehobenen Dienst von 56,0 auf 83,2 Prozent und im mittleren Dienst von 29,4 auf 32,7 Prozent zu. Nur geringfügig stieg dagegen der Anteil in den unteren Diensträngen, nämlich von 30,4 auf 32,1 Prozent, und bei den angestellten Arbeitern (von 20,1 auf 20,4 Prozent). Spitzenreiter war das Justizministerium mit einem Anteil von 64,3 Prozent, gefolgt vom Kultusministerium mit 60,0 Prozent sowie vom Finanzministerium mit 55,1 Prozent. Weit unter dem Durchschnitt lagen das Wirtschaftsministerium (26,2 Prozent), das Innenministerium (22,0 Prozent) und das Landwirtschaftsministerium (21,6 Prozent).

Und heute? Natürlich wiederholt sich Geschichte nicht einfach – denn die Rahmenbedingungen und Begleitumstände sind in jeder historischen Situation unterschiedlich. Auch Massenphänomene, die sich mit dem Nationalsozialismus verbinden, müssen auf ihre jeweils spezifischen Voraussetzungen hin untersucht werden. 1933 hatte der Nationalsozialismus ähnlich einer Seuche alle Bevölkerungsschichten erfasst – sie grassierte, ohne Zwang, gerade auch unter intelligenten Schichten wie Ärzten, Professoren und Studenten und in der Schicht der Unternehmer. Die Erklärungsversuche füllen Bibliotheken.

Im Nachkriegsdeutschland waren die Neonazis für lange Zeit in der Wahrnehmung der breiten Öffentlichkeit auf eine dumpfe Masse zusammengeschrumpft. Sie wurden meist als Skinheads oder als verirrte Ideologen abgetan, bei denen sich Aggressionen mit rechtsradikalen Gedanken zu verbinden schienen. Doch das erwies sich als Wunschvorstellung. Nach einer Untersuchung von Forsa vom Juni 1998 hatte sich unter den Jugendlichen im Alter zwischen 14 und 25 Jahren das rechte Potenzial innerhalb von drei Jahren auf zehn Prozent verdoppelt. In den neuen Bundesländern gaben sogar 24 Prozent der befragten Jugendlichen an, einer rechtsextremen Partei bei Wahlen die Stimme geben zu wollen. Die Shell-Studie zur »Jugend 2000« brachte das Ergebnis, dass 62 Prozent der deutschen Jugendlichen den Anteil von Ausländern im Land als zu hoch sehen.

Die Quittung für die Verdrängung des Problems brachten die Wahlen in Sachsen und Brandenburg im Herbst 2004 mit dem Einzug der NPD und der DVU in die dortigen Landesparlamente. Spätestens mit dem Eklat im Januar 2005, als Abgeordnete der Partei die alliierten Bombenangriffe zum Ende des Zweiten Weltkrieges mit dem Massenmord der Nazis an den Juden verglichen und von einem »Bomben-Holocaust von Dresden« sprachen, lassen sich die Augen vor dem Wiederaufleben der Neonazis nicht mehr verschließen.

Dabei hat im Zeitalter der Globalisierung die zunehmende Arbeitsmigration nach Deutschland und aus Deutschland heraus sowie der früher kaum vorstellbare grenzüberschreitende Ferntourismus quer über alle Generationen hinweg den Kulturkontakt intensiviert und manche Ängste vor der »Andersartigkeit« fremder Menschen reduziert. Zudem verbinden die modernen Kommunikationsmöglichkeiten, vor allem das Internet, die Nationen nicht nur rein technisch, sondern lassen ebenfalls kulturelle Unterschiede schrumpfen. Sorgen um den künftigen kollektiven und individuellen Wohlstand in Deutschland sowie Bedrohungsängste vor potenziellem Terrorismus können jedoch andererseits einen neuen möglichen Nährboden für die Abwehr von »fremden« Menschen und für nationalistisches Gedankengut liefern.

Das Internet bietet zugleich eine Plattform für unverblümte nationalistische Propaganda – von »NS-Nachrichten« über den Vertrieb von Hakenkreuzflaggen und -aufklebern bis hin zu Nazi-Computerspielen wie beispielsweise die »KZ-Rattenjagd« oder »Die Säuberung« zum kostenlosen Herunterladen. Ins Netz eingegeben werden solche skandalösen Web-Seiten vor allem in den USA. Entnazifizierung wäre somit heute eigentlich in den USA notwendig, doch im Land der unbegrenzten Möglichkeiten haben heute Faschisten und Neonazis eine relativ sichere Heimat.

Das kann Insider nicht überraschen. Brisante Einblicke gewährte Andreas von Bülow, der von 1969 bis 1994 als Abgeordneter der SPD im Bundestag, als Mitglied des Parlamentarischen Kontrollgremiums zur Überwachung der Geheimdienste sowie des Schalck-Golodkowski-Untersuchungsausschusses, als Staatssekretär im Verteidigungsministerium und schließlich als Bundesforschungsminister viel Wissen sammeln konnte. In seinem sehr umstrittenen Buch »Im Namen des Staates«[13] versuchte von Bülow Verquickungen von Geheimdiensten und Extremisten aufzuzeigen. Seine Botschaft[14]: Ausländische Geheimdienste haben in der rechtsradikalen »Szene« seit Anbeginn der Bundesrepublik »mitgemischt«. Der US-Geheimdienst CIA unterstützte demnach seit Anfang der 50er Jahre rechte Organisationen wie den Bund Deutscher Jugend und belieferten diese sogar mit Waffen.

Schändungen jüdischer Friedhöfe schreckten seit den 50er-Jahren die Öffentlichkeit auf. Hakenkreuz-Schmierereien verschandeln bis in die Gegenwart hinein Häuserwände ebenso wie Mahnmale – etwa im Frühjahr 2002 das Deportationsmahnmal in Berlin-Moabit. An Stammtischen bricht immer wieder Ausländerhass aus, er hat insbesondere in den Neuen Bundesländern manches tödliche Feuer ausgelöst. Die Ereignisse in der Stadt Hoyerswerda, über die rund um die Welt berichtet wurde, sind ein Beispiel dafür.

Besondere Verantwortung kommt den Medien zu – mit ihrer Themenauswahl, die Hinweise auf latente Gefahren aufgreifen muss, aber auch durch sensiblen Umgang mit der Sprache. Weitgehend unreflektiert übernah-

13 Erschienen im Piper-Verlag 2000.

14 Siehe dazu auch ein Interview mit der »Jungen Freiheit« vom Februar 2002.

men die Zeitungen in der Bundesrepublik einst den von Unionspolitikern in die Welt gesetzten Slogan von der »Asylantenflut« in ihr Vokabular – »Flut« aber signalisiert Bedrohung, hier eben: durch Asylbewerber. Auf einer Fachtagung, die die Beauftragte für Ausländerfragen der Bundesregierung, Lieselotte Funcke, im Dezember 1986 in Köln organisierte, war von einem »stark negativ verzerrten Bild« die Rede, das die deutsche Presse von ausländischen Arbeitnehmern zeichne.[15] Provokativ war sicherlich die These: Dieses negative Bild werde gezeichnet, weil die Presse gerade korrekt berichtet und nur die »soziale Wirklichkeit« spiegle.

Auch im Ausland nutzen Politiker latente »rechte« Stimmungen zum Wählerfang. Extremismus-Forscher streiten sich dabei über die Grenzen zwischen »Rechtsextremismus« und »Rechtsradikalismus«. Verbunden ist damit in jedem Fall Rechtspopulismus. Eine wissenschaftliche Studie, die an der Hebräischen Universität in Jerusalem entstand, stellte im Fall des seit 1989 amtierenden Kärntner Landeshauptmann und Parteivorsitzenden Jörg Haider fest: Der umstrittene Star der Freiheitlichen Partei Österreichs (FPÖ) verwende in seinen Reden vor allem Codewörter, die bei seinen Anhängern mit antisemitischen Botschaften assoziiert werden.[16] Offenen Antisemitismus versuchte Haider meistens zu vermeiden.

15 Dokumentation in: Ausländer und Massenmedien – Bestandsaufnahme und Perspektiven, Band 253 in der Schriftenreihe der Bundeszentrale für politische Bildung, Bonn 1987.

16 Anat Peri, Jörg Haider's Antisemitism, Jerusalem 2002.

Das 1992 von Haiders Partei initiierte Volksbegehren »Österreich zuerst« war jedoch Ausdruck unverblümter Ausländerfeindlichkeit. Über 400 000 Österreicher unterschrieben die Forderungen. Als Beleg für Haiders Anschauungen wird gerne eine Rede zitiert, die dieser am 30. September 1995 bei einem Treffen von SS-Veteranen im österreichischen Krumpendorf hielt: »Wir geben Geld für Terroristen, wir geben Geld für gewalttätige Zeitungen, wir geben Geld für arbeitsscheues Gesindel und wir haben kein Geld für anständige Menschen, die einen Charakter haben und auch bei größtem Gegenwind ihrer Überzeugung bis heute treu geblieben sind.« In einem Interview erklärte Haider wenige Wochen später im ORF: »Die Waffen-SS war Teil der Wehrmacht und es kommt ihr daher alle Ehre und Anerkennung zu.«

»Auch Italien würde einen Haider brauchen«, sind Worte, mit denen eine prominente und skandalumwitterte Abgeordnete in Italien zitiert wird: Alessandra Mussolini, die Enkelin des einstigen Duce. Dessen Geburtsort, Predappio, mit der Familiengruft der Mussolinis, ist weiter ein Wallfahrtsort für Neofaschisten in Italien, die aus ihrer Verehrung für den Diktator und Verbündeten Hitlers keinen Hehl machen. Sammelbecken ist die »Alleanza Nazionale«, die nach der Partei »Forza Italia« des umstrittenen Ministerpräsidenten und Medienzars Berlusconi die zweitstärkste politische Kraft im Lande darstellt. Weitere Beispiele gibt es, leider, in Europa genügend. Zu den erfolgreichsten Rechtspopulisten zählt sicherlich Jean-Marie Le Pen in Frankreich, dessen Front National seit den Europawahlen 1984 nicht nur als nationale politische Kraft von sich reden macht, sondern sogar ins Europaparlament einziehen konnte.

In Deutschland selbst war über die Jahrzehnte hinweg vor allem die NPD ein Sammellager nationalsozialistischer Gesinnung. Sicherlich war es für viele Wähler, die dieser Partei die Stimme gaben, ein Ausdruck des Protests, »weil die anderen einen Denkzettel verdienen«, wie Herbert Wehner in einer Analyse 1967 darstellte.[17] Viele würden wohl denken, es sei »eigentlich ganz gut, wenn man mal den etablierten Parteien eins überbrät, wenn es eine Alternative dazu gibt«. Wehner warnte: »Wir sollten nicht aus dem Auge verlieren, daß viele nicht, noch nicht, manche auch nicht mehr, die Erfahrung mit jener Vorgängerpartei mit der doppelten Lüge im Namen haben, gemacht haben oder gelernt haben.« Und in dem ihm eigenen Stil führte er zum Vergleich zwischen NSDAP und NPD weiter aus:

»Unserer Nation hat jene Partei, die Deutschland regierte, und viele andere mit, als Deutschland ›Groß‹-Deutschland genannt werden sollte, unserer Nation hat jene Partei den schrecklichsten Schaden zugefügt, den unsere Nation zu erleiden je aufgetragen bekommen hat. Daran wird man noch lange schleppen, sehr lange schleppen. Und jetzt, während wir mit unterschiedlicher Kraft und Beitragsvermögen dabei sind, beim Aufräumen, beim Abräumen, beim Ausräumen, beim Ausschachten, wird uns eine Partei angebo-

17 Rede auf der Jahresversammlung des Kuratoriums »Unteilbares Deutschland« in Berlin zum Thema NPD am 9. Dezember 1967, abgedruckt in: Herbert Wehner, Wandel und Bewährung – Ausgewählte Reden und Schriften, Frankfurt/Berlin 1986.

ten, die sich national und demokratisch nennt. Unter den Buchstaben, die die Abkürzung firmieren, fehlt nur s und a, sonst wäre es eine äußerliche Parallele. Und weil es so ist und weil ich dabei bleibe, daß damit zu rechnen ist, daß diese Erscheinung und ähnliche Erscheinungen zunehmend eine Rolle spielen werden in der praktischen, der konkreten Politik, müssen wir alle, die wußten und zu wissen gelernt haben, wie es mit jener anderen Partei geworden ist, die schon einmal regiert hat und deren Name dann als eine doppelte Lüge erkannt werden mußte, müssen wir nun deutlich machen: Es gibt in Deutschland nicht wieder die Gelegenheit, das, was von der Nation geblieben ist, durch Lüge und schließlich im Rausch zu verspielen.«

Die Worte Wehners haben mehr Gültigkeit denn je zuvor.

Anhang

– Das Gesetz Nr. 104

Die Präambel des »Gesetzes Nr. 104 zur Befreiung von Nationalsozialismus und Militarismus« brachte das Anliegen auf den Punkt:

»Nationalsozialismus und Militarismus haben in Deutschland zwölf Jahre die Gewaltherrschaft ausgeübt, schwerste Verbrechen gegen das deutsche Volk und die Welt begangen, Deutschland in Not und Elend gestürzt und das Deutsche Reich zerstört. Die Befreiung von Nationalsozialismus und Militarismus ist eine unerlässliche Vorbedingung für den politischen, wirtschaftlichen und kulturellen Wiederaufbau.«

Unter den »Grundsätzen« war im Artikel 1 formuliert:

»Zur Befreiung unseres Volkes von Nationalsozialismus und Militarismus und zur Sicherung dauernder Grundlagen eines deutschen demokratischen Staatslebens im Frieden mit der Welt werden alle, die die nationalsozialistische Gewaltherrschaft aktiv unterstützt oder sich durch Verstöße gegen die Grundsätze der Gerechtigkeit und Menschlichkeit oder durch eigensüchtige Ausnutzung der dadurch geschaffenen Zustände verantwortlich gemacht haben, von der Einflussnahme auf das öffentliche, wirtschaftliche und kulturelle Leben ausgeschlossen und zur Wiedergutmachung verpflichtet.«

»Wer verantwortlich ist«, so hieß es weiter, der werde zur Rechenschaft gezogen. Zugleich sollte jeder Bürger die Gelegenheit zur Rechtfertigung erhalten. Die Beurteilung des Einzelnen erfolgte laut Artikel 2 »in gerechter Abwägung der individuellen Verantwortlichkeit und der tatsächlichen Gesamthaltung; darnach wird in wohlerwogener Abstufung das Maß der Sühneleistung und der Ausschaltung aus der Teilnahme am öffentlichen, wirtschaftlichen und kulturellen Leben des Volkes bestimmt mit dem Ziel, den Einfluss nationalsozialistischer und militaristischer Haltung und Ideen auf die Dauer zu beseitigen.«

Unter die Gruppe I der »Hauptschuldigen« fiel:

»1. Wer aus politischen Beweggründen Verbrechen gegen Opfer oder Gegner des Nationalsozialismus begangen hat;
2. wer im Inlande oder in den besetzten Gebieten ausländische Zivilisten oder Kriegsgefangene völkerrechtswidrig behandelt hat;
3. wer verantwortlich ist für Ausschreitungen, Plünderungen, Verschleppungen oder sonstige Gewalttaten, auch wenn sie bei der Bekämpfung von Widerstandsbewegungen begangen worden sind;
4. wer sich in einer führenden Stellung der NSDAP, einer ihrer Gliederungen oder eines angeschlossenen Verbandes oder einer anderen nationalsozialistischen oder militaristischen Organisation betätigt hat;
5. wer sich in der Regierung des Reiches, eines Landes

oder in der Verwaltung der früher besetzten Gebiete in einer führenden Stellung betätigt hat, wie sie nur von führenden Nationalsozialisten oder Förderern der nationalsozialistischen Gewaltherrschaft bekleidet werden konnte;

6. wer sonst der nationalsozialistischen Gewaltherrschaft außerordentliche politische, wirtschaftliche, propagandistische oder sonstige Unterstützung gewährt hat oder wer aus seiner Verbindung mit der nationalsozialistischen Gewaltherrschaft für sich oder andere sehr erheblichen Nutzen gezogen hat;
7. wer in der Gestapo, dem SO, der SS, Geheimen Feld- oder Grenzpolizei für die nationalsozialistische Gewaltherrschaft aktiv tätig war;
8. wer sich in einem Konzentrationslager oder Arbeitslager oder in einer Haft, Heil- oder Pflegeanstalt an Tötungen, Folterungen oder sonstigen Grausamkeiten in irgendeiner Form beteiligt hat;
9. wer aus Eigennutz oder Gewinnsucht aktiv mit der Gestapo, SS, SG oder ähnlichen Organisationen zusammengearbeitet hat, indem er Gegner der nationalsozialistischen Gewaltherrschaft denunzierte oder sonst zu ihren Verfolgungen beitrug.«

Gegen die Hauptschuldigen sollten Sühnemaßnahmen verhängt werden. Im Einzelnen bedeutete das:

»1. Sie werden auf die Dauer von mindestens 2 und höchstens 10 Jahren in ein Arbeitslager eingewiesen, um Wiedergutmachungs- und Aufbauarbeiten zu verrichten. Politische Haft nach dem 8. Mai 1945 kann angerechnet werden. Körperlich Behinderte sind entsprechend ihrer Leistungsfähigkeit zu Sonderarbeit heranzuziehen;

2. ihr Vermögen ist als Beitrag zur Wiedergutmachung einzuziehen. Es ist nur der Betrag zu belassen, der unter Berücksichtigung der Familienverhältnisse und der Erwerbsfähigkeit zum notdürftigen Lebensunterhalt erforderlich ist. Sie unterliegen laufenden Sonderabgaben zu einem Wiedergutmachungsfonds, soweit sie Einkommen beziehen;
3. sie sind dauernd unfähig, ein öffentliches Amt einschließlich des Notariats und der Anwaltschaft zu bekleiden;
4. sie verlieren ihre Rechtsansprüche auf eine aus öffentlichen Mitteln zahlbare Pension oder Rente;
5. sie verlieren das Wahlrecht, die Wählbarkeit und das Recht, sich irgendwie politisch zu betätigen und einer politischen Partei als Mitglied anzugehören;
6. sie dürfen weder Mitglieder einer Gewerkschaft noch einer wirtschaftlichen oder beruflichen Vereinigung sein;
7. es wird ihnen auf die Dauer von mindestens 10 Jahren untersagt
   a) in einem freien Beruf oder selbständig in einem Unternehmen oder gewerblichen Betrieb jeglicher Art tätig zu sein, sich daran zu beteiligen oder die Aufsicht oder Kontrolle hierüber auszuüben;
   b) in nicht selbständiger Stellung anders als in gewöhnlicher Arbeit beschäftigt zu werden;
   c) als Lehrer, Prediger, Redakteur, Schriftsteller oder Rundfunk-Kommentator tätig zu sein;

8. sie unterliegen Wohnungs- und Aufenthaltsbeschränkungen und können zu gemeinnützigen Arbeiten herangezogen werden;
9. sie verlieren alle ihnen erteilten Approbationen, Konzessionen und Berechtigungen sowie das Recht, einen Kraftwagen zu halten.«

Die »Belasteten« der Gruppe II waren in drei Kategorien unterteilt: In Aktivisten, Militaristen und Nutznießer. Dabei wurden teilweise präzise, teilweise sehr vage Maßstäbe formuliert, die viel Interpretationsspielraum ließen. Als Aktivist galt:

»1. Wer durch seine Stellung oder Tätigkeit die Gewaltherrschaft der NSDAP wesentlich gefördert hat;
2. wer seine Stellung, seinen Einfluss oder seine Beziehungen zu Zwang und Drohung, zu Gewalttätigkeit, zu Unterdrückung oder sonst zu ungerechten Maßnahmen ausgenützt hat;
3. wer sich als überzeugter Anhänger der nationalsozialistischen Gewaltherrschaft, insbesondere ihrer Rassenlehre, erwiesen hat.«

Als Aktivist wurde, soweit er nicht »Hauptschuldiger« war, insbesondere verstanden:

»1. wer durch Wort oder Tat, insbesondere öffentlich durch Reden oder Schriften oder durch freiwillige Zuwendungen aus eigenem oder fremdem Vermögen oder durch Einsetzen seines persönlichen Ansehens oder seiner Machtstellung im politischen, wirtschaftlichen oder kulturellen Leben wesentlich zur Begründung, Stärkung oder Erhaltung der nationalsozialistischen Gewaltherrschaft beigetragen hat;

2. wer durch nationalsozialistische Lehre oder Erziehung die Jugend an Geist und Seele vergiftet hat;
3. wer zur Stärkung der nationalsozialistischen Gewaltherrschaft unter Missachtung anerkannter sittlicher Grundsätze das Familien- oder Eheleben untergraben hat;
4. wer im Dienste des Nationalsozialismus in die Rechtspflege eingegriffen oder sein Amt als Richter oder Staatsanwalt politisch missbraucht hat;
5. wer im Dienst des Nationalsozialismus hetzerisch oder gewalttätig gegen Kirchen, Religionsgemeinschaften oder weltanschauliche Vereinigungen aufgetreten ist;
6. wer im Dienste des Nationalsozialismus Werte der Kunst oder Wissenschaft verhöhnt, beschädigt oder zerstört hat;
7. wer sich führend oder aktiv bei der Zerschlagung der Gewerkschaften, der Unterdrückung der Arbeiterschaft oder der Vergeudung des Gewerkschaftsvermögens beteiligt hat;
8. wer als Provokateur, Spitzel oder Denunziant die Einleitung eines Verfahrens zum Schaden eines anderen wegen seiner Rasse, Religion oder seiner politischen Gegnerschaft gegen den Nationalsozialismus oder wegen Zuwiderhandlungen gegen nationalsozialistische Vorschriften herbeigeführt oder herbeizuführen versucht hat;
9. wer seine Machtstellung unter der nationalsozialistischen Gewaltherrschaft zur Begehung von Straftaten, insbesondere Erpressungen, Unterschlagungen oder Betrügereien ausgenützt hat;

10. wer durch Wort oder Tat eine gehässige Haltung gegenüber Gegnern der NSDAP im In- oder Ausland, gegen Kriegsgefangene, die Bevölkerung der ehemals besetzten Gebiete, gegen ausländische Zivilarbeiter, Häftlinge oder ähnliche Personen eingenommen hat;
11. wer die Freistellung vom Wehrdienst (Uk-Stellung) oder vom Frontdienst wegen nationalsozialistischer Haltung begünstigt oder die Einziehung zum Wehrdienst oder Versetzung zum Frontdienst wegen Gegnerschaft zum Nationalsozialismus herbeigeführt oder dies versucht hat.«

Als Aktivist galt nach dem Gesetzestext ebenso, wer nach dem 8. Mai 1945 durch Wirken für den Nationalsozialismus oder Militarismus den Frieden des deutschen Volkes oder der Welt gefährdete. Als Militarist galt, wer »das Leben des deutschen Volkes auf eine Politik der militärischen Gewalt auszurichten suchte«, wer »für die Beherrschung fremder Völker, ihre Ausnutzung und Verschleppung eingetreten oder verantwortlich ist« oder »die Aufrüstung zu diesen Zwecken förderte«. Insbesondere betroffen war:

»1. Wer durch Wort oder Schrift militaristische Lehren oder Programme aufstellte oder verbreitete oder außerhalb der Wehrmacht in einer Organisation aktiv tätig war, die der Förderung militaristischer Ideen diente;
2. wer vor 1935 die planmäßige Ausbildung der Jugend für den Krieg organisierte oder an dieser Organisierung teilnahm;
3. wer als Inhaber einer Kommandogewalt verantwortlich dafür ist, daß nach dem Einmarsch in Deutschland Stadt und Land sinnlos verwüstet wurden;

4. wer ohne Rücksicht auf seinen Rang als Angehöriger der Wehrmacht, des Reichsarbeitsdienstes, der Organisation Todt (OT) oder der Transportgruppe Speer seine Dienstgewalt zur Erlangung besonderer persönlicher Vorteile oder zu rohen Quälereien seiner Untergebenen missbrauchte.«

Zu den »Belasteten« gehörte schließlich nach der Definition des Gesetzes die Gruppe der Nutznießer. Grundsätzlich galt als ein solcher, »wer aus der Gewaltherrschaft der NSDAP, aus der Aufrüstung oder aus dem Kriege durch seine politische Stellung oder seine politischen Beziehungen für sich oder andere persönliche oder wirtschaftliche Vorteile in eigensüchtiger Weise herausgeschlagen hat«. Speziell war in die Gruppe einbezogen:

»1. Wer nur auf Grund seiner Zugehörigkeit zur NSDAP in ein Amt oder eine Stellung berufen oder bevorzugt befördert wurde;
2. wer erhebliche Zuwendungen von der NSDAP, ihren Gliederungen oder angeschlossenen Verbänden erhielt;
3. wer auf Kosten der politisch, religiös oder rassisch Verfolgten unmittelbar oder mittelbar, insbesondere im Zusammenhang mit Enteignungen, Zwangsverkäufen und dergleichen übermäßige Vorteile für sich oder andere erlangte oder erstrebte;
4. wer bei der Aufrüstung oder bei Kriegsgeschäften Gewinne erzielte, die in einem auffallenden Missverhältnis zu seinen Leistungen standen;
5. wer sich im Zusammenhang mit der Verwaltung ehemals besetzter Gebiete unbillig bereicherte;
6. wer als Anhänger des Nationalsozialismus durch Aus-

nützung persönlicher oder politischer Beziehungen oder durch Eintritt in die NSDAP es erreichte, sich dem Wehrdienst oder dem Frontdienst zu entziehen.«

Die Sühnemaßnahmen gegen die Belasteten – also gleichermaßen Aktivisten, Militaristen oder Nutznießer – unterschieden sich in nur wenigen Punkten von denen gegen die Hauptschuldigen. Während letztere für einen Zeitraum zwischen zwei und zehn Jahren in ein Arbeitslager einzuweisen waren, galt für die Belasteten eine Kann-Bestimmung und die Höchstdauer von fünf Jahren. Auch sie konnten zu »Sonderarbeiten« herangezogen werden. Ihr Vermögen sollte zumindest teilweise eingezogen werden – vorrangig war dabei auf Sachwerte zurückzugreifen. Wie die Hauptschuldigen waren die Belasteten von öffentlichen Ämtern und vom Wahlrecht ausgeschlossen. Sie durften sich nicht politisch betätigen, verloren ihre Pensions- und Rentenansprüche, blieben von Gewerkschaften und Verbänden ausgeschlossen und verloren alle Approbationen, Konzessionen bis hin zur Fahrerlaubnis. Die Berufsverbote waren allerdings nicht auf zehn Jahre festgeschrieben, sondern auf fünf Jahre beschränkt.

Die »Minderbelasteten«in der Gruppe III bildeten zugleich die »Bewährungsgruppe«. Darunter fiel, wer an sich zur Gruppe der Belasteten gehörte, »jedoch wegen besonderer Umstände einer milderen Beurteilung würdig erscheint und nach seiner Persönlichkeit erwarten lässt, daß er nach Bewährung in einer Probezeit seine Pflichten als Bürger eines friedlichen demokratischen Staates erfüllen wird; wer an sich zur Gruppe der Mitläufer gehört, jedoch wegen seines Verhaltens und nach seiner Persönlichkeit sich erst bewähren soll.« Die Bewährungsfrist sollte dabei mindestens zwei und in der Regel nicht mehr als drei Jahre betragen.

Minderbelastet war insbesondere:

»1. Wer nach dem 1. Januar 1919 geboren ist, nicht zur Gruppe der Hauptschuldigen zählt, jedoch als Belasteter erscheint, ohne aber ein verwerfliches oder brutales Verhalten an den Tag gelegt zu haben und nach seiner Persönlichkeit eine Bewährung erwarten lässt;
2. wer ohne Hauptschuldiger zu sein, zwar als Belasteter erscheint, aber eindeutig und klar erkennbar frühzeitig vom Nationalsozialismus und seinen Methoden abgerückt ist«.

Während der genannten Bewährungszeit war es den Betroffenen untersagt:

»a) ein Unternehmen als Inhaber, Gesellschafter, Vorstandsmitglied oder Geschäftsführer zu leiten oder ein Unternehmen zu beaufsichtigen oder zu kontrollieren, ein Unternehmen oder eine Beteiligung daran ganz oder teilweise zu erwerben;
b) in nicht selbständiger Stellung anders als in gewöhnlicher Arbeit beschäftigt zu sein;
c) als Lehrer, Prediger, Redakteur, Schriftsteller oder Rundfunk-Kommentator tätig zu sein.«

Sofern ein Minderbelasteter zum Zeitpunkt der Einstufung an einem Unternehmen als Inhaber oder Gesellschafter beteiligt war, wurde seine Beteiligung gesperrt und ein Treuhänder bestellt. Ausgenommen waren Kleinbetriebe, insbesondere Handwerksbetriebe, Einzelhandelsgeschäfte, Bauernhöfe und dergleichen mit weniger als zehn Arbeitnehmern. Außerdem wurden alle Vermögenswerte,

»deren Erwerb auf Ausnutzung von politischen Beziehungen oder besonderen nationalsozialistischen Maßnahmen wie Arisierung und Aufrüstung beruhen«, eingezogen. Zudem konnten zusätzliche Sühnemaßnahmen »in gerechter Auswahl und Milderung« verhängt werden. Genannt wurde die Beschränkung in der Ausübung eines freien Berufes und Verbot der Ausbildung von Lehrlingen. Bei Beamten war eine Kürzung des Ruhegehaltes, die Versetzung in den Ruhestand oder in ein Amt mit geringerem Rang oder an eine andere Dienststelle unter Kürzung der Bezüge möglich. Im Bereich der freien Wirtschaft konnte ein Verbot zur Fortführung eines Unternehmens ausgesprochen werden. Betroffene konnten zur Veräußerung einer Beteiligung verpflichtet werden.

Schließlich legte das Gesetz fest, wer nur ein Mitläufer und damit der Gruppe IV zugeordnet war: nämlich »wer nicht mehr als nominell am Nationalsozialismus teilgenommen oder ihn nur unwesentlich unterstützt und sich auch nicht als Militarist erwiesen hat«. Das schloss mit ein, »wer als Mitglied der NSDAP oder einer ihrer Gliederungen, ausgenommen HJ und BDM, lediglich Mitgliedsbeiträge bezahlte, an Versammlungen, deren Besuch Zwang war, teilnahm oder unbedeutende oder rein geschäftsmäßige Obliegenheiten wahrnahm, wie sie allen Mitgliedern vorgeschrieben waren; wer Anwärter der NSDAP war und nicht endgültig als Mitglied aufgenommen wurde«.

Am Ende kamen die Entlasteten (Gruppe V). Darunter fiel, »wer trotz seiner formellen Mitgliedschaft oder Anwartschaft oder eines anderen äußeren Umstandes sich nicht nur passiv verhalten, sondern nach dem Maß seiner Kräfte aktiv Widerstand gegen die nationalsozialistische Gewaltherrschaft geleistet und dadurch Nachteile erlitten hat«.

Das Gesetz kannte den Tatbestand der »mildernden Umstände«. In Betracht kamen »Jugend oder Unreife«, schwere Körperversehrtheit infolge von Kriegseinwirkung sowie »schwere Dauerbelastung der wirtschaftlichen Leistungsfähigkeit durch Invalidität von Angehörigen, insbesondere auf Grund von Kriegseinwirkung«. Gegen Personen, die nach dem 1. Januar 1919 geboren worden waren, sollten Sühnemaßnahmen nur angeordnet werden, wenn sie Hauptschuldige, Belastete oder Minderbelastete waren. Das Gesetz ließ es andererseits zu, daß strafbare Handlungen von Nationalsozialisten und Militaristen gesondert strafrechtlich verfolgt werden konnten: »Dies gilt insbesondere von Kriegsverbrechen und sonstigen Straftaten, die unter der nationalsozialistischen Gewaltherrschaft ungesühnt geblieben sind.«

Exkurs 1

– Die Angst vor dem NS-»Nach-Niederlage-Plan«

»Die Nazi-Partei mag verschwunden sein, die Nazi-Denkweise, die Nazi-Schulung und der Nazi-Betrug jedoch existieren fort. Irgendwo in diesem Deutschland gibt es die SS und die Gestapo noch, allerdings ohne Uniform. Irgendwo in diesem Deutschland gibt es zwei Millionen Ex-Nazi-Führer, die zwar ohne Macht, aber immer noch mächtig genug sind und an ein nächstes Mal denken.«

Gedanken wie diese, zitiert aus einem politischen Lehrfilm der Amerikaner[18], kursierten zuhauf unter den amerikanischen Soldaten, die nach dem Ende des Zweiten Weltkriegs die Rolle der Besatzungsmacht übernahmen. Für viele von ihnen war jeder Deutsche verdächtig, ein »Nazi« zu sein, und die Mehrheit war von der Kollektivschuld der Deutschen überzeugt. Bereits im Protokoll der Potsdamer Konferenz vom 1. August 1945 war deshalb als Leitlinie der Besetzung festgeschrieben: Das »deutsche Volk« (»the Ger-

18 Zitiert nach Arno Klönne, Pädagogische Verwestlichung – Ein Unheil für die Deutschen? Zur Schul- und Jugendpolitik der Besatzungsmächte in Deutschland nach 1945, in: PÄD extra, 1995, S. 23.

man people«) müsse überzeugt werden, daß es eine totale militärische Niederlage erlitten habe und daß es sich nicht der Verantwortung entziehen könne gegenüber dem, was es selbst über sich brachte (»that they cannot escape responsibility for what they have brought upon themselves«).

Das Misstrauen der Amerikaner und ihre Angst vor der erneuten Einflussnahme des Nationalsozialismus blieb lange Zeit erhalten. Die »einfachen« GIs waren bei ihrer Rekrutierung und vor ihrem Aufbruch über den Atlantik in den Krieg gegen die europäischen Achsenmächte mit einem entsprechenden Feindbild getrimmt worden. Die Entscheidungsträger im Militärapparat und in der hohen Politik Washingtons konnten sich darüber hinaus auf Geheimdienstinformationen stützen, die einen »Nach-Niederlage-Plan« (NN-Plan) des Nazi-Regimes unterstellten.

Das entsprechende, als »geheim« eingestufte Dossier mit dem Aktenzeichen »R&A No. 1934.1« des Office of Strategic Servives (OSS), Research and Analysis Branch, datiert vom 13. Oktober 1944 trägt den Titel »The clandestine Nazi movement in post-war Germany« (Die geheime Nazi-Bewegung im Nachkriegsdeutschland). In der Zusammenfassung heißt es: »Die erhältlichen Erkenntnisse zeigen, daß die Nazi-Partei plant, eine Geheimbewegung nach der militärischen Niederlage zu bilden, um Deutsche zu bekämpfen, die mit den Alliierten kooperieren, und um die Besatzungspolitik in den Augen der deutschen Bevölkerung in Misskredit zu bringen. Es laufen Vorbereitungen, die Nazi-Partei zu dezentralisieren, um örtliche Verteidigungsgruppen zu bilden, die benutzt werden, um von den Deutschen Unterstützung für die Nazi-Ziele und Widerstand gegen die

Besatzungsstreitkräfte zu erzwingen. Diese Gruppen werden wahrscheinlich von Agenten angeführt, die in geheimen Techniken geschult werden.

Das Ziel der Nachkriegs-Nazibewegung ist es, politische Bewegungen innerhalb und außerhalb von Deutschland vorzubereiten, die die Wieder-Militarisierung Deutschlands und die Fortsetzung der Nazipolitik erlauben. Die Bewegung kann deshalb nicht nur die historischen Ziele der Nazi-Partei zum Ausdruck bringen, sondern auch die Sehnsüchte jener Teile der deutschen Bevölkerung, die die militante Autorität in Deutschland und seine aggressive Expansion im Ausland befürworteten. So kann sie von wichtigen Gruppen auch außerhalb der Nazi-Partei in Deutschland breite Unterstützung erhalten.

Der Widerstand kann die Form eines Guerillakrieges von kleinen Banden fanatischer Nazis annehmen, die die militärische Niederlage nicht hinnehmen wollen. Angesichts der Schwierigkeiten eines solchen Widerstandes unter militärischer Besetzung ist es jedoch wahrscheinlicher, daß die Bewegung geheime Formen annimmt.«

Die Autoren des geheimen Berichts beriefen sich darauf, dass schon nach dem Ersten Weltkrieg in Deutschland eine Verherrlichung der so genannten »Nachkriegskämpfer« stattgefunden hatte. Sie gingen davon aus, dass viele Institutionen und Behörden wieder von Nationalsozialisten infiltriert würden und dass getarnte Nazi-Gruppierungen ihre Aktivitäten fortsetzen würden. Die Verfasser waren überzeugt, dass Handelskammern, verschiedene Wirtschaftsvereinigungen ebenso wie Ingenieursvereine, private Wohltätigkeitsorganisationen, Berufsverbände, Veteranenclubs und sogar religiöse Gruppierungen als »Deckung für neonazistische Aktivitäten genutzt werden« könnten.

Nach der Einschätzung des Berichts würde die breite Masse der deutschen Bevölkerung zwar die Niederlage akzeptieren, doch vor allem daran interessiert sein, mit Essen und Arbeit versorgt zu werden. Am wahrscheinlichsten sei es, dass die Deutschen gegenüber den besiegten Nationalsozialisten eine »wait-and-see«-Haltung einnehmen würden. »Bedeutende Teile der deutschen Gesellschaft« würden weiterhin bereit sein, Bewegungen zu unterstützen, die auf eine Wiederherstellung der deutschen Militär- und Politikmacht abzielten. »Sofern sich nicht revolutionäre Veränderungen vor der Niederlage und militärischen Besetzung in Deutschland ereigneten«, würden die sozialen Gruppen, die die Nationalsozialisten schon in der Vergangenheit unterstützten, fortbestehen und »mächtigen Einfluss« ausüben.

An einer Stelle des Textes wird festgestellt: »Die Akzeptanz der Nazi-Aufrufe in den einzelnen Teilen der deutschen Bevölkerung hing zu einem großen Teil vom Erfolg der Partei bei der Umsetzung ihres Programms ab. Die Niederlage Deutschlands und die Auflösung der Partei wird die große Masse ihrer ›unpolitischen‹ Anhänger dazu bringen, sich anderen Programmen zuzuwenden, die für sie einen unmittelbareren Wert haben; aber die Niederlage wird einflussreiche soziale und politische Gruppen, die die Nazibewegung von Anfang an unterstützten, nicht davon abhalten, neue Formen und Mittel zur Fortsetzung ihrer Politik zu erproben.«

Die Auflösung der Partei werde »die Kontrolle beseitigen, nicht aber die Wirkungen eines Jahrzehnts der Machtausübung in Deutschland«, wurde in dem Bericht prophezeit. Zu den potenziellen Steigbügelhaltern einer Nachkriegs-Nazibewegung zählten die Verfasser insbesondere die Industriellen und den Landadel. Genannt wurden ferner die »Volksdeutschen« – also jene Bevölkerungsgruppen, die sich jenseits der angestammten Landesgrenzen angesiedelt hatten, nun aber nach Deutschland zurückgeschickt würden, die dabei allen ihren Besitz verlören und »höchst empfänglich für Nazi-Appelle zum Widerstand gegen die Alliierten« sein würden. In dem genannten Dokument steht die Vorhersage: »Um nach der Niederlage zu operieren, wird eine Neonazi-Bewegung notwendigerweise neue Slogans und neue Taktiken übernehmen.«

Schließlich stellten die Autoren fest: »The Nazi Party is reported to have formulated a post-defeat plan (Nach Niederlage Plan or NN-Plan) which envisages a post-war underground in Germany with connections with sympathetic movements in foreign states.« In diesem Zusammenhang wurde unterstellt: Verlässliche Parteimitglieder, rekrutiert aus der SS, der Hitlerjugend und anderen Gliederungen der NSDAP, würden unter der Aufsicht eines Spezialbüros (der Abteilung IV) im Reichssicherheitshauptamt angeworben. Während die Existenz dieses Spezialbüros von unabhängigen Quellen nicht bestätigt werden konnte, sei der Vorschlag, den Krieg mit allen Mitteln – bis zum Endsieg – fortzusetzen, ein vorherrschendes Thema in der Nazi-Propaganda gegenüber der deutschen Bevölkerung.

Wie zutreffend waren die Quellen für den Bericht? Die angeblich vorhandenen »Beweise« für Massenvernichtungswaffen im Irak, wie sie von den amerikanischen und britischen Vertretern den Vereinten Nationen vorgelegt wurden, zeigen die geringe Verlässlichkeit solcher Geheimdienstquellen. Eine Fußnote im Geheimdossier vom 13. Oktober 1944 lässt die damalige Arbeit der Research and Analysis Branch im Office of Strategic Servives (OSS) insgesamt als fragwürdig erscheinen. Dort wird nämlich auf französische Quellen vom Mai 1944 verwiesen, nach denen auf Seiten der deutschen Wehrmacht General von Stülpnagel mit der Verantwortung für die unterstellten Nachkriegsaktivitäten betraut worden sei. Das war eine unpräzise Angabe – immerhin kommen zwei Generäle gleichen Namens in Betracht, und in beiden Fällen war die Zuordnung einer solchen Rolle eher unwahrscheinlich.

Der eine, Otto von Stülpnagel (Jahrgang 1878), war nach dem deutschen Sieg über Frankreich ab 1940 erster Militärbefehlshaber dieses besetzten Landes. Schon vor der »Machtergreifung« war er ein Anhänger Hitlers gewesen. In Frankreich erwarb er sich mit seinen brutalen Terrormethoden und Erschießungskommandos gegen Widerstandsgruppen den Beinamen als »Henker von Paris«. Die Forderungen Hitlers und General Keitels nach einer Ausweitung der Massenhinrichtungen widersprachen allerdings Otto von Stülpnagels Vorstellungen. Seine Haltung wurde von seinem Stab unterstützt, der mehrheitlich aus konservativen Nicht-Nationalsozialisten zusammengesetzt war. Daraus ergab sich ein Konflikt mit der Reichsführung in Berlin, die am 15. Februar 1942 zum Rücktritt Otto von Stülpnagels führte. Nach Kriegsende wurde er verhaftet und nach Frankreich ausgeliefert, wo er sich 1948 in sciner Zelle erhängte.

Nachfolger des Otto von Stülpnagel in Paris wurde 1942 sein Vetter Carl-Heinrich von Stülpnagel (Jahrgang 1886).

Dieser war zum Zeitpunkt der Veröffentlichung der Akte »R & A No. 1934.1« längst vom Volksgerichtshof zum Tode verurteilt und am 30. August 1944 hingerichtet worden – als einer der führenden Köpfe in der Pariser Widerstandsgruppe beim Putschversuch gegen Hitler vom 20. Juli 1944.

Es lässt sich schwer einschätzen, wie breit gestreut der genannte Geheimdienstbericht war. Im Gegensatz zur Life-Übertragung der scheinbaren Geheimdiensterkenntnisse zu Massenvernichtungswaffen im Irak in alle Welt war der Kreis der Leser sicherlich begrenzt. Der Vergleich hinkt auch insofern, als im Fall Irak mit den angeblichen Geheimdienstinformationen ein Krieg legitimiert werden sollte, während im Fall Deutschlands »nur« die Einflussnahme auf die Nachkriegsordnung angestrebt war. Inwieweit die Informationen und Einschätzungen der geheimen Akte »R&A No. 1934.1« die Besatzungspolitik unmittelbar beeinflussten, dafür lassen sich keine Belege finden. Sehr wohl bietet das Dokument aber eine Erklärung für Propagandatexte (wie den in der Einleitung zu diesem Kapitel zitierten) als auch für die breit angelegte, rigorose Vorgehensweise der Amerikaner gegen die deutsche Bevölkerung nach der Besetzung. Und es lässt manche Formulierungen aus jener Zeit in einem neuen Licht erscheinen – etwa wenn es in einem Bericht des »Institute on Re-education of the Axis Countries« vom 15. Juni 1945 heißt: »Wir können für viele der folgenden Jahre eine Propaganda-Kampagne erwarten, die von einem Nazi- Untergrund aus geleitet wird und die Absicht verfolgt, diese Doktrinen in den Köpfen der deutschen Menschen wiederzubeleben und sie der nächsten Generation der deutschen Jugend nahe zu bringen.«

Exkurs 2

– Die »Operation Paperclip«

Mit der geheimen »operation paperclip«, der »Operation Büroklammer«, versuchte die amerikanische Militärverwaltung nach dem Ende des Zweiten Weltkriegs den Transfer deutscher Wissenschaftler in die USA systematisch zu organisieren. Die Operation war – begründet mit dem »nationalen Interesse« der Besatzungsmacht – von Präsident Truman persönlich abgesegnet worden. Für die praktische Durchführung war die Joint Intelligence Objectives Agency (JIOA) verantwortlich. Der Name leitete sich von den speziellen Büroklammern ab, mit denen die Papiere der ausgewählten Personen für die Einreise in die USA gekennzeichnet wurden.

Die Idee der »operation paperclip« wurde unter anderem von amerikanischen Luftfahrtmedizinern unterstützt. Diese berichteten in einem Schreiben vom 1. August 1945 an das US-Hauptquartier über »eine beträchtliche Zahl von nicht fertig gestellten deutschen Forschungsprojekten, die von unmittelbarer Bedeutung für die US-Luftwaffe sind«. Als Beispiel wurde die Erforschung der Wirkung von Hochgeschwindigkeitsflugzeugen auf den Menschen genannt. Der beste Weg, um die Forschungsergebnisse nutzen zu können, sei die Anstellung der deutschen Wissenschaftler in den USA, damit diese ihre Studien dort fertig stellen könnten. Eine Anzahl deutscher Wissenschaftler sei dazu auch bereit, hieß es weiter. Doch wegen fehlender Transportmöglichkeiten und aus Sicherheitsgründen habe man von einem solchen Projekt Abstand nehmen müssen.

Das sollte sich mit Hilfe der »operation paperclip« ändern. Zunächst waren die amerikanischen Behörden allerdings daran interessiert, eine Bestandsaufnahme über das Know-how in der deutschen Wissenschaftsgemeinde zu bekommen. Für die Aufgabe wurde Professor Werner Osenberg gewonnen, der an der Technischen Hochschule in Hannover an der Torpedoentwicklung mitgewirkt hatte. Die Nationalsozialisten hatten ihn mit dem Amt des Präsidenten des Reichsforschungsrates betraut. Seinem Einfluss war es zu verdanken gewesen, dass noch im Dezember 1943 im Verlauf der so genannten »Osenberg-Aktion« einige tausend Wissenschaftler und Fachkräfte vorzeitig von den Fronten des Krieges zurückgerufen worden waren. Nun setzte sich Osenberg mit einem Kollegenteam daran, für die amerikanische Besatzungsmacht einen »Almanach« deutscher Wissenschaftler mit detaillierten Angaben über ihre Fachgebiete zu erstellen. Die Liste umfasste am Ende 15 000 Namen. Starkes Interesse hatten die Amerikaner unter anderem an Spezialisten für chemische Kampfstoffe, die für die Firma IG Farben tätig gewesen waren.

Auf der Grundlage des »Almanach« wurden die Namenslisten für die »operation paperclip« zusammengestellt

– nach Kriterien, die sich aus den erhalten gebliebenen Unterlagen der amerikanischen Militärverwaltung nicht nachvollziehen lassen. Auf der Liste stand der Ingenieur und frühere NSDAP-Ortsgruppenleiter Johann D. aus Nürnberg neben dem Mechaniker Willy S. von der Wasserbauversuchsanstalt in Mittenwald. Der frühere Blockleiter Hans H., NSDAP-Mitglied seit 1935, sollte ebenso in die USA eingeladen werden wie Dr. Volker A. von der Torpedoversuchsanstalt in Gotenhafen. Dr. Kurt S. aus dem »political prisoner camp« in Balingen wurde wie Otto B., Direktor des zentralen Forschungslabors von Bayer in Leverkusen, und wie der Professor Hans P. von der Technischen Hochschule in München ausgewählt. Der Ingenieur Wilhelm B. von Siemens und Halske kam zu der Ehre ebenso wie der Physiker Hans T. von der IG Farben und etliche Wissenschaftler, die seit 1945 bereits im »Aero Medical Center« in Heidelberg für die Amerikaner arbeiteten.

Im Gegensatz zur breiten Masse der Bevölkerung wurden die ausgewählten Personen nicht auf ihre Vergangenheit hin überprüft – der Mehrzahl hätte in Deutschland das Berufsverbot gedroht. Bei etlichen Personen war der aktuelle Wohnort zunächst unbekannt. Hinter manchen Namen stand die »Russische Zone« als Aufenthaltsort oder der Vermerk »arbeitet für die Franzosen«. Die Listen geben damit einen klaren Hinweis auf die Konkurrenz mit anderen Nationen bei der Rekrutierung deutscher Wissenschaftler.

Die Dokumente waren als »vertraulich« gekennzeichnet. Sogar als »geheim« war eine Anweisung des US-Hauptquartiers vom 13. März 1947 zum Projekt »paperclip« abgestempelt, in der es hieß: »Es sind alle Vorkehrungen zu treffen, um zu verhindern, dass diese Operation publik wird. Alle Nachrichten, die die Bewegung der Gruppe betreffen, haben die Gruppe als ›deutsche Zivilisten‹ zu bezeichnen. Ohne Autorisierung durch dieses Hauptquartier sind keine Befragungen oder Interviews durch die Presse oder andere Personen, die nicht unmittelbar mit der Bewegung zu tun haben, zu erlauben.«

Das Papier fasst den Ablauf der Operation wie folgt zusammen:

»Der Zweck dieser Anweisung ist es, die Verantwortlichkeiten für die Verschiffung von annähernd 721 deutschen und österreichischen Spezialisten und ungefähr 1000 Familien von Spezialisten in die Vereinigten Staaten festzulegen. Das Kriegsministerium hat angewiesen, daß eine ausgewählte Gruppe von deutschen und österreichischen Spezialisten aus Wissenschaft und Technik – und zwar niemals mehr als 1000 auf einmal – freiwillig mit Vertrag in die Vereinigten Staaten zu bringen sind, um ihr Wissen und ihre Fähigkeiten für unser Land verfügbar zu machen. 279 Spezialisten sind entsprechend dieses Programms bereits in die Vereinigten Staaten gegangen und das Kriegsministerium hat angewiesen, daß der Rest der 1000 so bald wie möglich geschickt wird. Ihre Familien werden transportiert, so daß ihre Bewegung bis Mai 1947 abgeschlossen ist. Es wurde angenommen, daß die Familien im Durchschnitt aus drei Personen bestehen, die Spezialisten selbst ausgenommen – sodaß die gesamte Bewegung rund 4000 Personen betrifft.«

Vor ihrer Abreise wurden die umworbenen Wissenschaftler und ihre Familien in ein Sammellager im bayerischen Landshut gebracht. Dort hatten sie Anspruch auf Verpflegung mit 2300 Kalorien pro Tag und Person. In Landshut, und ebenso später im Verschiffungshafen, sollten sich alle Auswanderer nur eine möglichst kurze Zeit aufhalten, »um ungebührliche Aufmerksamkeit zu vermeiden«. Auf der Fahrt durfte jede Person persönliches Gepäck bis zu einem Gewicht von 174 Pfund mitführen. Jeder Familie war zudem die Mitnahme von Haushaltsgütern bis zu 1000 Pfund gestattet. Keine Begrenzung war für wissenschaftliche Ausrüstung und für die Bücher der Wissenschaftler vorgegeben. Schon auf der Fahrt in die neue Heimat sollten die deutschen Experten wie Zivilangestellte der amerikanischen Militärs behandelt werden.

Ob die geplante Zahl von 1000 deutschen Wissenschaftlern bei der »Operation Büroklammer« zusammenkam, bleibt bis auf weiteres offen – nach den bislang verfügbaren Zahlen waren es nur 765. Einer der prominentesten deutschen Wissenschaftler, die nach dem Weltkrieg in die USA übersiedelten, war zweifelsohne der Raketenspezialist Wernher von Braun.

Hatte der Minister Gottlob Kamm mit seinem Coup von Heidenheim die Pläne der Amerikaner teilweise durchkreuzt? Die Amerikaner waren jedenfalls nicht die Einzigen, die versuchten, den Sachverstand deutscher Wissenschaftler und Techniker für sich zu gewinnen. Gleichermaßen interessiert war Großbritannien – und durch die Vermittlung der Briten auch Australien. Nach Recherchen australischer Journalisten wurden 127 deutsche Forscher zur Fortsetzung ihrer Arbeit bis auf den Fünften Kontinent gebracht.

Literaturliste

Ausländer und Massenmedien. Bestandsaufnahme und Perspektiven. Vorträge und Materialien einer internationalen Fachtagung vom 2.–4. Dezember 1986. (Schriftenreihe der Bundeszentrale für politische Bildung, Band 253). Bonn 1987.

Bülow, Andreas von: Im Namen des Staates. CIA, BND und die kriminellen Machenschaften der Geheimdienste. München/Zürich 2000.

Erler, Fritz: Politik für Deutschland. Eine Dokumentation. Stuttgart 1968.

100 Jahre SPD-Ortsverein Schorndorf, Schorndorf 1991.

Janka, Franz: Die braune Gesellschaft. Ein Volk wird formatiert. Stuttgart 1997.

Mann, Golo: Deutsche Geschichte des 19. und 20. Jahrhunderts. Frankfurt a. M. 1958.

Merseburger, Peter: Willy Brandt 1913–1992. Visionär und Realist. Stuttgart/München 2002.

Möller, Alex: Genosse Generaldirektor. München/Zürich 1978.

Peri, Anat: Jörg Haiders's Antisemitism. Jerusalem 2002.

Petersen, Edward N.: The American Occupation of Germany. Retreat to Victory. Detroit 1977.

Wehner, Herbert: Wandel und Bewährung. Ausgewählte Reden und Schriften 1930–1967. Hrsg. von Hans-Werner Graf Finckenstein und Gerhard Jahn. Frankfurt a. M./Berlin 1968.

Ziemke, Earl F.: The U.S. Army in the occupation of Germany. 1944—1946. Washington 1975.

Diverse Protokolle des württemberg-badischen Landtags.

Abkürzungsverzeichnis

BBC	British Broadcasting Corporation
BDM	Bund Deutscher Mädchen
CIA	Central Intelligence Agency
DVP	Deutsche Volkspartei, Vorgängerin der FDP
EKD	Evangelische Kirche Deutschlands
HJ	Hitlerjugend
Jabo	Jagdbomber
JCS	Joint Chiefs of Staff
JIOA	Joint Intelligence Objectives Agency
NSDAP	Nationalsozialistische Deutsche Arbeiterpartei
NSDoB	Nationalsozialistischer Deutscher Dozentenbund
NSDSt	Nationalsozialistischer Deutscher Studentenbund
NSF	NS-Frauenschaft
NSFK	NS-Fliegerkorps
NSKK	NS-Kraftfahrtkorps
NSLB	Nationalsozialistischer Lehrerbund
NSV	NS-Volkswohlfahrt
OMGUS	Office of Military Government for Germany, United States
ORF	Österreichischer Rundfunk
SA	Sturmabteilung, Organisation der NSDAP
SAJ	Sozialistische Arbeiterjugend
SD	Sicherheitsdienst, Unterabteilung der SS
SG	Sondergericht
SS	Schutzstaffel, Organisation der NSDAP
USPD	Unabhängige Sozialdemokratische Partei Deutschlands